Os Sete Portais da Sabedoria

Psicologia dos Sete Raios

ALZIRA MARCONDES

Os Sete Portais da Sabedoria

Psicologia dos Sete Raios

MADRAS®

© 2013, Madras Editora Ltda.

Editor:
Wagner Veneziani Costa

Produção e Capa:
Equipe Técnica Madras

Revisão:
Jerônimo Feitosa
Neuza Rosa
Luciana Moreira

Dados Internacionais de Catalogação na Publicação (CIP)
(Câmara Brasileira do Livro, SP, Brasil)

Marcondes, Alzira
Os sete portais da sabedoria: psicologia dos raios/Alzira Marcondes. – 1. ed. – São Paulo: Madras, 2013.
Bibliografia
ISBN 978-85-370-0840-9

1. Grande Fraternidade Branca 2. Sete Raios (Ocultismo) 3. Teosofia I. Título.

13-02624   CDD-299.934

Índices para catálogo sistemático:
1. Psicologia esotérica: Grande Fraternidade Branca: Religiões de natureza universal 299.934

É proibida a reprodução total ou parcial desta obra, de qualquer forma ou por qualquer meio eletrônico, mecânico, inclusive por meio de processos xerográficos, incluindo ainda o uso da internet, sem a permissão expressa da Madras Editora, na pessoa de seu editor (Lei nº 9.610, de 19.2.98).

Todos os direitos desta edição reservados pela

MADRAS EDITORA LTDA.
Rua Paulo Gonçalves, 88 — Santana
CEP: 02403-020 — São Paulo/ SP
Caixa Postal: 12183 — CEP: 02013-970
Tel.: (11) 2281-5555 — Fax: (11) 2959-3090
www.madras.com.br

Psicologia Esotérica

A diversidade humana é o Espelho de Deus.

*Para meu marido:
"O que Deus uniu o homem não separa".*

ÍNDICE

Breve Histórico e Prefácio 9
Raios Primários e Secundários 11
1º Raio – Primeiro Aspecto da Divindade: Vontade e Poder 21
2º Raio – Segundo Aspecto da Divindade: Amor-Sabedoria 33
3º Raio – Terceiro Aspecto da Divindade: Inteligência Ativa 43
4º Raio – Quarto Aspecto da Divindade: Harmonia
Por Meio do Conflito 53
5º Raio – Quinto Aspecto da Divindade: Conhecimento Concreto ... 65
6º Raio – Sexto Aspecto da Divindade: Devoção ou Idealismo 75
7º Raio – Sétimo Aspecto da Divindade: Cerimonial Ativo 87
Os Sete Raios e a Relação entre Eles 99
Astrologia: os Planetas e Suas Influências 129
A Árvore da Vida e os Raios 157
Meditação 167
Bibliografia 171

BREVE HISTÓRICO E PREFÁCIO

"Nós somos vidas fazendo uma aparição, expressando qualidade e lentamente tornando-nos conscientes do processo e do objetivo, à medida que nossa consciência se torna mais como a da Própria Divindade."

"Qual é a verdadeira natureza de um verdadeiro místico? Ele é alguém cuja força, ou Raio, ou qualidade da alma é muito forte para a personalidade manejar."

(Alice A. Bailey)

Este livro é a síntese de 25 anos de trabalho de psicoterapia clínica com o método dos Raios. Trata-se de um resumo do que é prático, o que funciona na Psicologia Esotérica. Destina-se ao público em geral. Qualquer leigo que queira investir em autoconhecimento colherá bons resultados.

Não se sabe exatamente quando a Teoria dos Raios começou a ser estudada e praticada. Dizem que em Atlântida havia templos para cada um dos Sete Raios.

Entretanto, menos de 200 anos atrás, alguns autores começaram a pesquisar, canalizar e divulgar textos sobre a Energia dos Sete Raios. No século XX, autores esotéricos começaram a ser conhecidos em todo o planeta; terapeutas e psicólogos interessaram-se pelo tema que enriquece a Psicologia Tradicional. Alice Bailey, E. Wood, G. Hodson, Ouspensky e Assagioli trouxeram importantes contribuições e fundamentaram a teoria da Psicologia Esotérica. H.P. Blavastsky foi a primeira autora a usar a expressão "Sete Raios". Blavastsky, em 1875, revelou os Mestres de Luz por intermédio da Ordem Teosófica. Antes disso, ocultistas já recebiam canalizações sobre os Raios.

    Assagioli criou uma abordagem holística e um método para trabalhar conflitos emocionais (ele era psiquiatra e neurologista) que denominou Psicossíntese.

1
RAIOS PRIMÁRIOS E SECUNDÁRIOS

"Os Sete Raios são sete diferenciações de um grande Raio cósmico, efetuados no próprio ser do nosso Logos Solar..."

(Alice A. Bailey)

Raios são energias cósmicas que influenciam vidas solares e planetárias, seres humanos e suas relações, animais e vegetais. Por meio dessas ondas de luz, que são distintas pela cor e pelo som, cada sistema solar, cada planeta, cada Era, país, Mestre, evolui dentro da energia de determinados Raios. Os Sete Raios são sete diferenciações de um grande Raio Cósmico. As três causas primárias: 1º, 2º e 3º Raios Primários. As sete causas secundárias do 1º ao 7º Raios.

"Essa concepção dos Sete Raios vem da doutrina oculta da criação, segundo a qual o Um torna-se Três, e os Três tornam-se Sete. O Espiritualismo se baseia nessa visão de um universo que é uno com Deus, do mais alto ao mais baixo plano (...). Os Sete Raios expressam, portanto, sete qualidades, derivadas da triplicidade fundamental – Vontade, harmonia perfeita e a complementação psicológica do homem."

(Ângela Maria la Sala Batà)

OS SETE RAIOS

"A Mônada é Vida, vivida em uníssono com as vidas dos sete Raios. Uma Mônada, sete Raios e miríades de formas – esta é a estrutura por trás dos mundos manifestados."

(Alice Bailey, Psicologia Esotérica, Vol. I, p. 126)

O que designamos como **RAIOS** são expressões de energia, e dizer que somos expressões de Raios significa que existimos como manifestação dessas energias. Cada um de nós, cada planeta, sistema solar é a expressão de Raios. Essas forças, tanto na atmosfera de um planeta quanto no ser humano, colorem essas expressões. Cada Raio revela sua alma, sua vida, ou sua qualidade essencial. Tudo o que existe foi atingido pelos Sete Raios primários. São partículas estruturais da criação. O Sistema Solar em que vivemos é expressão do 2º Raio, chamado Amor e Sabedoria. Trata-se de um Raio fundamental para nós, pois sua energia rege todo esse Sistema Solar. O amor e a Sabedoria em nível cósmico, ao se manifestar em nosso sistema solar, subdividem-se em sete energias, as quais chamamos Sete Raios.

"A vida se expressa através de sete sistemas solares. A vida se expressa através de sete planetas. A vida se expressa através de sete centros planetários."

(Alice Bailey, Psicologia Esotérica, Vol. I, p. 136)

MÔNADAS

"A união com o Eu Superior não é a meta última, mas a penúltima. Aquilo que veneramos como Eu Superior, venera por sua vez, outra entidade ainda mais elevada."

(Paul Brunton, Ideias em Perspectiva, Ed. Pensamento, p. 327)

A Mônada é vontade dinâmica ou propósito, mas permanece sem ser revelada até a terceira iniciação. A Mônada é Vida, a força sustentadora, um Senhor de devoção perseverante, incessante e determinado.

A alma é um Senhor de Amor e Sabedoria, enquanto a personalidade é um Senhor de Conhecimento e Atividade Inteligente. (Mônada 1º Raio, Alma 2º Raio e Personalidade 3º Raio).

O Grande Logos criou as Mônadas, centros de Energia inicialmente indivisíveis, que, para se tornar completas, perfeitas, necessitaram se dividir para experenciar a vida no Universo. Assim, o indivisível se dividiu com uma polarização masculina e outra feminina, e os dois aspectos da mesma Energia puderam conhecer, experenciar mais e mais rapidamente voltar ao Criador.

Cada Mônada começou seu trabalho ao experenciar de longe a vida no reino mineral, vegetal e animal, e muito de perto participando da vida no reino humano. Quando a Energia Monádica começa sua tarefa de evolução através dos reinos, ela cria um ser intermediário, uma Energia Superior para captar seu aprendizado.

Esse mediador chamado Alma, Espírito ou Eu Superior, não reencarna nunca, e, assim como a Mônada, é perfeito; mas evolui com as vidas sucessivas do corpo encarnado experenciando dor, perdas, alegrias, medos, solidão, amor, etc. A sonda que o Eu Superior emana passa pelo Reino Mineral, Vegetal, Animal e Humano. A Alma Grupal animal evolui até a individualização, quando ocupa um corpo humano, e continua sua evolução nesse reino até alcançar a maestria.

As Mônadas foram criadas perfeitas pelo Incriado ou Deus; mas elas não poderiam criar se não evoluíssem, e para isso teriam que experenciar a vida na matéria. Elas existem dentro de três aspectos de Energia chamados Raios. Para experimentar a vida e aprender, elas expandiram esses Raios em sete sub-Raios e emanaram uma espécie de "sonda" que percebe e experimenta a vida no reino mineral, vegetal, animal até o contato mais direto com o reino humano.

Como a distância entre o Ser observador e o objeto de experimentação era incomensurável, as Mônadas construíram o que chamamos de "Alma", uma energia pura, mas que também evolui, quase como uma projeção holográfica da Mônada. O indivíduo encarnado, por sua vez, é uma projeção dessa Alma.

O corpo físico, o astral e o mental do indivíduo formam o que chamamos Personalidade. Cada corpo é regido por um determinado Raio. A Personalidade e a Alma também têm Raios que as regem. O Raio da Personalidade é um sub-Raio da Alma, que por sua vez é um sub-Raio da Mônada.

Só existem Mônadas dos três primeiros Raios, mas as almas, as personalidades e os corpos internos podem expressar qualquer um dos Sete Raios.

Alice Bailey diz que todas as Mônadas sofrem influência do 1º Raio Puro, embora existam Mônadas dos três primeiros Raios.

Todas as almas sofrem influência do 2º Raio, embora existam almas de todos os Raios. E todas as personalidades sofrem influência do 3º Raio, embora existam personalidades de todos os Raios.

Uma personalidade não funciona sempre com o mesmo Raio; essa influência pode moldar a vida do indivíduo, mas ele pode conscientemente mudar o aspecto do Raio. Às vezes, isso acontece mesmo sem que o próprio indivíduo perceba. Isso ocorre geralmente porque um dos corpos internos empresta sua energia modificando o Raio da Personalidade. Sem uma análise profunda sobre como a pessoa funciona, ela não pode mudar e nessa medida parte da população existe realmente apenas um Raio de influência em sua personalidade. Com a idade, o indivíduo cristaliza-se mais e mais nos aspectos do Raio da sua personalidade, mesmo que esses aspectos sejam bastante negativos.

Como o planeta Terra é um Ser do 3º Raio, é natural que seus filhos humanos sofram essa influência – uma das grandes razões para nossa encarnação neste planeta: aprendermos a ser amorosamente inteligentes.

Deus criou centelhas de energia, Mônadas, que eram indivisíveis, mas que para aprender mais sobre a vida na matéria, dividiram-se e criaram duas almas com essa mesma energia de Raio, com a mesma urgência de voltar à mesma Mônada. A isso chamamos Almas Gêmeas.

Mônada foi definida no século XVII como uma substância simples, ativa e indivisível, da qual todos os corpos são feitos. Mebes afirma que o indivisível se dividiu, ou se bipartiu, e criou duas almas gêmeas que reencarnam muitas vezes até a união final, recriando a Mônada primeira ou inicial.

Alice Bailey revela que na Idade do Ouro a Alma cumpria sua tarefa em 14 mil anos e evoluía no Caminho para tornar-se um Avatar. Por ter uma duração tão longa, os humanos acreditavam que a Alma era imortal, mas esta também evolui e um dia volta às suas origens, ou seja, a Mônada. Normalmente a Alma vivencia 2 mil anos as qualidades de um Raio e posteriormente passa a ter a cor e a energia de um outro Raio.

TIPOS DE RAIOS

"Deve ser lembrado que o Raio dominante, a principal influência em um sistema solar, é o grande 2º Raio Cósmico de Amor-Sabedoria."

(Alice Bailey)

1. O Raio do Sistema Solar.
2. O Raio do Logos Planetário do nosso planeta.
3. O Raio do Reino Humano.
4. O particular Raio da nossa Raça.
5. Os Raios que governam um determinado ciclo.
6. O Raio nacional, aquele que particularmente influência uma determinada nação.
7. O Raio da Alma ou Ego.
8. O Raio da Personalidade.
9. Os Raios que governam o corpo mental, o corpo astral ou emocional e o corpo físico.

PROPOSIÇÕES DE ALICE BAILEY

- Há uma vida, que se expressa primeiramente por meio de sete qualidades ou aspectos básicos e, secundariamente, pela infinita diversidade de formas;
- Essas sete qualidades radiantes são sete Raios, as sete Vidas, que dão sua vida às formas, e dão ao mundo da forma seu significado, suas leis e seu impulso para a evolução;
- A vida, qualidade e aparência, ou espírito, alma e corpo constituem tudo que existe. Eles são a própria existência, com sua capacidade para crescer, para a atividade, para a manifestação da beleza e para a plena conformidade ao Plano. Este Plano está enraizado na consciência das sete Vidas de Raio;
- Cada Vida de Raio expressa-se predominantemente por meio de um dos sete planetas sagrados, mas a vida de todos os sete flui através de cada planeta, inclusive a Terra, e assim qualifica cada forma. Em cada planeta está uma pequena réplica do esquema geral, e cada planeta conforma-se no intento e ao propósito do todo.

(Psicologia Esotérica, Alice Bailey)

RAIOS E REINOS

"A vida divina é poder, é amor, é luz, é harmonia, é conhecimento, é devoção e é ordem."

(Trigueirinho)

Segundo A. Bailey, alguns Raios expressam-se melhor em determinados reinos que são qualificados pelas energias radiais.

O reino mineral, por exemplo, sofre influência acentuada do 1º e 7º Raios, o reino vegetal – todos os Raios pares. Já no reino animal há acentuada qualificação do 3º e 6º Raios. No reino humano, o 5º e o 4º Raios são mais atuantes.

No reino das almas (chamado também pelos antigos de reino Egoico), atuam o 2º e o 5º Raios.

Nas vidas Planetárias, o 3º e 6º Raios são mais atuantes e nas vidas Solares, o 1º e o 7º Raios atuam de forma mais intensa.

Segundo o glossário de A. Bailey, o que chamamos de Alma é o corpo causal, o centro da consciência egoica, formado por Buddhi e Manas. "É relativamente permanente... dissipa-se somente após a quarta iniciação, quando a necessidade de um novo renascimento, por parte do ser humano, não mais existe." Para outros autores, é Manas Superior ou Mental Superior. Ramatis fala sobre esse corpo: "O Corpo Causal é a fonte de nossa conexão com a Mente Divina, portanto o que canaliza os lampejos daquilo que se chama Intuição Pura: o conhecimento real e instantâneo, global, sem passar pelos laboriosos processos do intelecto... nada que seja desequilíbrio, desarmonia, e muito menos traumas, lesões ou patologias, pode alojar-se nesse corpo luminoso...".

Para o esotérico, o Corpo Causal é o corpo que recebe as sete faixas coloridas pelas Energias dos Sete Raios.

Os Raios são definidos por Trigueirinho como:

> "Energias fundamentais do cosmos. Têm qualidades definidas, as quais transferem ao âmbito onde atuam; formam e compõem tudo o que existe. Sete Raios já se revelaram na superfície da Terra; relacionam-se diretamente com o mundo formal".

(Glossário Esotérico, Ed. Pensamento, p. 38)

DENOMINAÇÕES PARA OS SETE TEMPERAMENTOS

(Estes Raios também recebem vários outros nomes menos comuns.)
1º Raio: Vontade e Poder.
2º Raio: Amor-Sabedoria.
3º Raio: Atividade da Mente ou Inteligência Ativa.
4º Raio: Harmonia a Partir do Conflito.
5º Raio: Conhecimento Concreto.
6º Raio: Devoção e Idealismo.
7º Raio: Cerimonial Ativo.

"Esses Raios estão em constante movimento e circulação, e demonstram uma atividade progressiva e cíclica cuja importância é de evidência crescente. Eles são dominantes em um tempo e recessivos em outro, e de acordo com o particular Raio que estiver fazendo sentir sua presença em qualquer tempo em particular, assim serão as qualidades da civilização, o tipo de forma que fará seu aparecimento nos reinos da natureza e os consequentes estágios de conscientização (estados de consciência) dos seres humanos que estiverem sendo trazidos à forma da vida naquela particular Era. Essas vidas encarnadas (outra vez nos quatro reinos) responderão à peculiar vibração, qualidade, tonalidade e natureza do Raio em questão. (...) O Raio em manifestação afetará fortemente os três corpos que constituem a personalidade do homem, e a influência do Raio produzirá modificações no conteúdo mental e na natureza emocional do homem, bem como determinará o calibre do corpo físico."

(Alice A. Bailey, Psicologia Esotérica, *Vol. I, p. 4)*

RAIOS E REINOS, SEGUNDO A. BAILEY:

Vidas Solares:	Vontade e Poder
	Cerimonial Mágico
Vidas Planetárias:	Devoção
	Inteligência Ativa
Alma:	Conhecimento
	Amor-Sabedoria
Humano:	Harmonia Através do Conflito
	Conhecimento Concreto

Animal: Inteligência Ativa (adaptabilidade – instinto)
Devoção

Vegetal: Amor-Sabedoria
Harmonia a Partir do Conflito (beleza)
Devoção (tendência ascendente)

Mineral: Cerimonial (organização)
Vontade e Poder

OS RAIOS E OS CHACRAS

Alzira Marcondes	Alice Bailey
Coronário – 1º Raio	Coronário – 1º Raio
Ajna – 5º Raio	Ajna – 5º Raio
Laríngeo – 3º Raio	Laríngeo – 3º Raio
Cardíaco – 2º Raio	Cardíaco – 2º Raio
Plexo Solar – 6º Raio	Plexo Solar – 6º Raio
Sacro – 4º Raio	Sacro – 7º Raio
Base da Espinha – 7º Raio	Base da Espinha – 4º Raio

Todo indivíduo possui sete pontos de energia fundamentais no corpo etérico chamados chacras, além de 49 pontos secundários e centenas de pontos terciários. Esses pontos estão distribuídos em lugares específicos no corpo etérico e correspondem a determinadas partes do corpo físico.

Os chacras constroem uma rede de fios invisíveis que se entrelaçam como uma teia de proteção para os outros corpos, principalmente para o corpo físico.

1. Chacra da Coroa ou Coronário:

Elemento Éter/ União com o plano espiritual, consciência cósmica/ Localiza-se no alto da cabeça/ Elo entre o eu inferior e o Eu Superior.

2. Chacra do Terceiro Olho (Ajna) ou Frontal:

Elemento Éter/ Visualização, intuição, telepatia/ Localiza-se no meio da testa/ Clarividência.

3. Chacra da Garganta:

Elemento Ar/ Comunicação, percepção da voz interior/ Localiza-se na garganta, sob a laringe/ Mensagens psicofônicas.

4. Chacra do Coração ou Cardíaco:

Elemento Água/ Amor, entrega, desejo de unicidade, desejo de união por amor/ Localiza-se na altura do coração/ Sentimentos, emoções/ Relaciona-se com o Plexo Solar.

5. Chacra do Plexo Solar ou Esplênico:

Elemento Fogo/ Poder, resistência, autoconfiança/ Localiza-se na área entre o umbigo e o diafragma/ Rege a energia do Chacra Básico e a distribui.

6. Chacra do Sacro:

Elemento Água/ Centro de energia básica/ Sensações/ Sexualidade, emoções, impulsividade, procriação/ Localiza-se a um palmo abaixo do umbigo.

7. Chacra da Raiz ou Básico:

Elemento Terra/ Contato com a Terra, com o mundo material/ Corpo, saúde, dinheiro, formas, necessidades vitais/ Localiza-se no cóccix.

2
1º Raio
Primeiro Aspecto da Divindade: Vontade e Poder

"O libertador da Forma. A vontade que se quebra no jardim de Almas. O dedo de Deus. O Relâmpago que aniquila. O Senhor da Morte."

CARACTERÍSTICAS DO 1º RAIO

"A característica fundamental do 1º Raio é a destrutividade. Os seres mais evoluídos desse Raio usam essa característica para destruir os aspectos negativos que sua personalidade possui e os seres menos evoluídos usam essa energia em atos de violência, conflitos e guerras."

(Alice Bailey)

O indivíduo do 1º Raio evoluído usa a destrutividade contra os próprios defeitos e sua vida é movida pela aspiração de evoluir mais e mais. Ângela Maria la Sala Batà afirma que os indivíduos de 1º Raio, quando privados de liberdade ou quando não veem saída de uma determinada situação, podem autodestruir-se.

Alice Bailey diz que não existe hoje no planeta nenhuma alma de 1º Raio encarnada, porque o poder destruidor desse Raio não poderia atuar em um mundo onde ainda não há inteligência e amor suficientes (atributos do 3º e 2º Raios, respectivamente).

Algumas almas que se exprimem por intermédio do 1º Raio são, na verdade, expressões de um sub-Raio de outros Raios. Para A. Bailey são, na maioria, sub-Raios do 2º Raio.

Personalidades de 1º Raio adoram o Poder, mesmo quando não o possuem. Paul Brunton diz que: "O homem sábio irá procurar estudar a si mesmo, o tolo estará preocupado em intrometer-se nos assuntos dos outros". Essas personalidades geralmente não seguem esse sábio conselho. Invadem a vida de seus familiares, amigos e colegas de trabalho. Estão sempre com a receita de ser feliz, de ganhar mais dinheiro, etc.

Quando o 1º Raio age em uma personalidade, mesmo como sub-Raio de outros Raios (geralmente ímpares) se revela por meio da visão clara de uma situação, mas com respostas de controle e autoridade que muitas vezes não possui.

É até frequente o indivíduo de 1º Raio estar em uma posição de relevo, de autoridade. As características do Raio o conduzem a isso, e portanto mesmo alguns aspectos negativos do Raio são aceitos por personalidades de outros Raios.

Quando o "ditador" resolve impor suas ideias, seus desejos aos demais como se fosse uma moto niveladora em uma estrada ele arruína sua evolução e descumpre seu papel de guia para outros seres.

Ao estudar o 1º Raio, fica a impressão de que só há aspectos negativos nessa energia, mas não é verdade. Indivíduos de 1º Raio são corajosos, salvam pessoas em situações difíceis, colocam ordem em situações caóticas e dirigem empresas, escolas, fábricas, contribuindo para a riqueza do planeta.

> "A vida torna-se significativa quando utilizamos nossos talentos e habilidades em nome de algo maior. Se vivermos unicamente em função de nossa própria sobrevivência, ficaremos gradualmente enfraquecidos e sem estímulos para expressar nossa essência vital."
>
> *(Bel Cesar)*

As personalidades de 1º Raio denotam firmeza em seus atos, são autoconfiantes, decididas, porém facilmente irritáveis e impacientes, principalmente se tiverem o 3º Raio como sub-Raio do 1º.

"Uma qualidade marcante do 1º Raio é a solidão e, com ela, o isolamento e a capacidade de permanecer sozinho e impassível. (...) É fácil para o tipo do 1º Raio resistir à tentação de se identificar com outros, e os indivíduos desse tipo frequentemente temem e desprezam a emoção."

(David V. Tansley, As Trajetórias dos Raios e os Portais dos Chacras, p. 59, Ed. Pensamento)

As personalidades de 1º Raio têm sede de liberdade e independência, gostam de comandar seus destinos e geralmente acabam comandando o destino de outras pessoas. É praticamente inevitável para uma pessoa de 1º Raio envolver-se em questões comunitárias, seja por meio do poder, da política seja do dinheiro.

Sala Batà comenta esse tipo superior: "(...) tendo superado a crise do despertar do Eu Superior, ficando assim em contato com sua Alma, tornou-se consciente das tarefas, das responsabilidades do seu Raio, compreendeu qual era o propósito central que deve ser manifestado, e serve-se, assim, para fins superiores, da força que o anima. Esse é um nível muito difícil de alcançar, e os tipos superiores do 1º Raio são muito raros, já que a Vontade Espiritual se manifesta em um grau evolutivo muito raro".

O 1º Raio está intrinsecamente ligado ao 7º, como se o primeiro ordenasse a mente e o último executasse fisicamente (é a mão que executa). Bel Cesar cita importante frase do Lama Rimpoche, com a qual vemos a necessidade de irmanar o 1º e o 7º Raios: "O esforço sem perseverança cansa. É importante saber sempre aonde vamos e por que nos esforçamos".

Religiões que misturam o poder da Igreja e do Estado são energias de 1º Raio.

O 1º Raio é classificado por Sala Batà como introvertido: "Vontade dirigida para o mundo interior e para o alto". Entretanto, isso só ocorre em personalidades muito evoluídas que apresentam uma determinação interna; geralmente, ocorre o contrário, uma determinação dirigida para fora, para controlar o outro.

O tipo 1º Raio, que Assagioli denomina Tipo Volitivo, mistura características de 3º e 5º Raios "(...) no criticismo, sendo esse um de seus principais defeitos". A crítica é um dos graves defeitos do 3º Raio, segundo Alice Bailey e Zulma Reyo. "O 3º Raio da Mente Superior (...) vícios dos Raios: orgulho intelectual, falta de capricho nos detalhes (...) excessiva crítica aos demais". (Alice Bailey, *Psicologia Esotérica*, Volume 1, Fundação Cultural Avatar, p. 179).

Sala Batà coloca a crítica excessiva no 5º Raio: "Não terá simpatia e compaixão pelos outros, mas um constante apego a críticas duras e impiedosas".

A introversão do 1º Raio não significa que o indivíduo regido por esse Raio seja uma pessoa introvertida, pelo contrário, esse indivíduo gosta de liderar pessoas, gosta de estar entre outras pessoas. Não creio que ele iniba seus sentimentos, como diz Assagioli: "ele inibe todas as demonstrações de emoção e sentimento...". Tanto os indivíduos de 1º Raio como os de 3º Raio não inibem suas emoções, mas sim expressam-nas sem cuidado, ferindo o outro.

Personalidades de 1º Raio podem manter pessoas a distância pelo orgulho e pela vontade de isolamento, mas não porque desconfiam das pessoas – essa é uma característica básica nos defeitos de 5º Raio. Assagioli sugere: "Ele não precisa dos outros e desconfia deles...", referindo-se a indivíduos de 1º Raio.

Essa confusão acontece porque 1º, 3º e 5º Raios são Raios Irmãos, o que faz algumas características se assemelharem.

Devemos visualizar os Sete Raios como, por exemplo, as sete notas musicais: um difere do outro, mas não há um Raio melhor ou pior, pois todos eles levam o indivíduo à evolução espiritual.

Mulheres com personalidade de 1º Raio tendem a ter dificuldade na área afetiva, a menos que seus parceiros tenham claramente a personalidade de um Raio Par.

Indivíduos de 1º Raio podem ser fanáticos por trabalho, têm dificuldade em descansar, estão sempre tensos. Dominadores, acham que estão sempre certos, e muitas vezes estão, porque tendem a ser muito eficientes.

A Mente foi criada pela Vontade do 1º Raio, mas o Esoterismo não afirma que "a Vontade é a própria Mente", como diz Espinosa.

A guerra, tão comum em nosso planeta em qualquer época da História, é uma energia negativa de 1º e 6º Raios.

"A nota predominante no homem de Vontade do 1º Raio é o domínio de si mesmo."

(Ernest Wood, Os Sete Raios – Ed. Pensamento, p. 60, oitava edição)

1º Raio: Vontade dinamicamente aplicada, emerge em manifestação como poder.
Energia do Pai: Dinâmico, fonte de toda manifestação.

Características do 1º Raio, para Alice Bailey: visão clara, poder dinâmico, senso do tempo, solidão, desapego e singularidade de propósito.

Aspectos positivos do 1º Raio

"Os Sete Raios são, portanto, encarnações dos sete tipos de força que nos demonstram as sete qualidades da divindade. Essas sete qualidades têm consequentemente um efeito sétuplo sobre a matéria e sobre as formas que são encontradas em todas as partes do Universo, e têm também uma sétupla inter-relação recíproca."

(Alice Bailey, Psicologia Esotérica, *Vol. 1, p. 17)*

Empreendedorismo/ Ideias próprias/ Dinamismo/ Firmeza/ Geralmente usa a força de vontade para imprimir saúde em seu corpo físico/ Coragem/ Força/ Decisão/ Sinceridade/ Poder de dirigir e governar/ Senso de justiça/ Visão ampla e impessoal/ Pioneirismo/ Explorador/ Liderança/ Tenacidade/ Poder/ Independência/ Forte senso de responsabilidade/ Capacidade de captar grandes questões com mente muito aberta.

Aspectos negativos do 1º Raio

Egocentrismo/ Dominação/ Orgulho/ Falta de amor/ Não suporta controle ou interferência externa/ Ira/ Dureza/ Ambição desmedida/ Destrutividade (energia destrutiva)/ Desejo de controlar os outros (tendência a sufocar familiares e subalternos)/ Vê a fraqueza do outro como defeito/ Ambição/ Teimosia/ Arrogância/ Obstinação/ Crueldade/ Dificuldade em lidar com suas emoções/ Imposição da vontade/ Grosseria.

Os sete defeitos principais do 1º Raio

Crueldade/ Orgulho/ Violência/ Ira/ Arrogância/ Autoritarismo/ Desejo de controlar o outro.

Defeitos secundários do 1º Raio

Ambição/ Isolamento/ Grosseria/ Egoísmo/ Mau humor/ Dureza/ Teimosia.

Virtudes a desenvolver

Ternura (2º Raio)/ Humildade (6º Raio)/ Compaixão/ Tolerância/ Tato/ Paciência (2º e 6º Raios)/ Amor/ Simpatia (7º Raio)/ Fé (6º Raio).

Virtudes a incluir

As virtudes do 6º e/ou 2º Raios.

As sete qualidades principais do 1º Raio

(Essenciais para a evolução da Alma.)
Coragem/ Liderança/ Capacidade de captar grandes questões com a mente muito aberta/ Responsabilidade/ Senso de Justiça/ Dinamismo e Sinceridade.

Profissões do 1º Raio

Estadista/ Soldado/ Militar (também no 7º Raio)/ Cargos de chefia/ Empresários/ Políticos/ Executivos/ Profissionais Liberais.

Qualidades do 1º Raio

Poder e iniciativa. Todas as ideias divinas nascem aqui.

TIPOS DE 1º RAIO

São classificados três tipos de atuação dos Raios, dependendo da evolução em que se encontram os seres humanos.

Tipo inferior

"Este Senhor de Raio ainda não está em plena expressão, exceto por ser quem causa a destruição e faz em círculo se encerrar. As Mônadas de Poder são em número muito menor do que quaisquer outras."

(Alice Bailey)

Nos temperamentos de 1º Raio, nos tipos inferiores, encontramos crueldade, violência, dureza, destrutividade. Esse tipo sofre quando não pode exercer seu controle sobre outras pessoas. Geralmente é tão materialista quanto o 5º Raio. Quando o indivíduo desse tipo deixa de se autoafirmar com atitudes grosseiras e prepotência, ele já caminha para o tipo médio.

Tipo médio

"Todo ser humano encontra-se em um dos Sete Raios. (...) Certas atitudes da mente são fáceis para um tipo de Raio e difíceis para outro, daí a personalidade em mudança transferir-se de Raio para Raio, de vida para vida, até que todas as qualidades se expressem e desenvolva."

(*Alice Bailey*)

Nesse tipo o indivíduo já sabe colocar metas e vê finalidade em sua existência. Ainda há orgulho, ambição e autoritarismo, mas também há planos que envolvem o progresso dos grupos; há muita responsabilidade e senso de dever.

Tipo superior

"As qualidades transpessoais desse tipo são admiráveis e exibem muita beleza e bondade; enquanto as pessoais são agressivas e geralmente prejudiciais. A vontade transpessoal manifesta-se principalmente como coragem moral, prontidão e habilidade de assumir responsabilidade face a perigos de todas as espécies – sob o risco de seu bem-estar, reputação e de sua própria vida – por uma causa digna."

(*Assagioli*, Os Sete Tipos Humanos, *Ed. Totalidade, p. 23*)

Esse tipo acredita em seu Eu Superior, está mais consciente de suas tarefas, sabe qual o propósito de sua vida. "É um nível muito difícil de alcançar e os tipos superiores do 1º Raio são muito raros, já que a Vontade Espiritual se manifesta em um grau evolutivo muito alto." (Sala Batà)

Virtudes a obter

Virtudes do 6º e/ou 2º Raios.
O indivíduo deve transformar a vontade individual; "O que eu quero é o que o Pai quer", a vontade pessoal deve ficar subordinada à vontade do Eu Maior.

AJUDANDO PERSONALIDADES DE 1º RAIO

"Como a cobra, que nunca morre com seu próprio veneno, o Eu Superior nunca é enganado pelo poder de seu próprio ego, de construir imagens, embora o ego o seja quase continuamente."

(Paul Brunton)

- Enumere suas qualidades e classifique seu modo de ser: ambição, responsabilidade, capacidade de tomar decisões, de comando; produtividade.
- Coloque algumas qualidades do 2º Raio que você precisa incluir em sua personalidade.
- Qualquer atividade de um dos Raios pares pode ajudar a superar as dificuldades do 1º Raio (na verdade, ajuda a superar as dificuldades de todos os Raios ímpares). A Personalidade de 1º Raio deve evitar, porém, incluir o 6º Raio, se não tiver experiência com a Psicologia dos Raios.
- A criatividade e a arte ajudam a suavizar os aspectos negativos dos Raios Ímpares.
- Tente se colocar no lugar do outro.

> **Responsabilidade é a chave para o 1º Raio**

DIFICULDADES DO 1º RAIO

Deve vencer a ira e o desejo de controlar situações e pessoas.

ILUSÕES DO 1º RAIO

Deslumbramento da força física/ Deslumbramento do poder/ Deslumbramento do orgulho/ Deslumbramento do magnetismo pessoal/ Complexo de messias no campo da política/ Deslumbramento de ser mais capaz e mais inteligente do que todos ao seu redor/ Deslumbramento de achar que sabe o que é melhor para o outro.

AFIRMAÇÕES POSITIVAS PARA REEQUILIBRAR OS ASPECTOS NEGATIVOS DO 1º RAIO

– EU SOU a Humildade!
– EU SOU o Perdão para todos os erros que cometi!
– EU SOU Luz!
– EU SOU Poder! Eu uso meu poder com sabedoria!
– EU SOU a Compaixão divina atuando em minha vida, agora e sempre!
– EU SOU a Paciência infinita presente hoje e sempre em minha vida, meu lar e meu mundo!
– EU SOU o Amor incondicional!
– EU SOU a Aceitação atuando agora e sempre em meus relacionamentos!
– EU SOU a Energia cósmica atuando através de meus corpos inferiores!

Está Decretado!

DESEQUILÍBRIO DO 1º RAIO E OS FLORAIS MINEIROS

- Inclusão do 1º Raio na Oitava Superior: *Agave*.
- Inclusão do 2º Raio na Oitava Superior: *Orellana*.
- Inclusão dos 4º e 6º Raios na Oitava Superior: *Calêndula Silvestre*.
- Inclusão do 6º Raio na Oitava Superior: *Tropaeolum*.

Centro de Energia (Chacra) do 1º Raio: Coronário
Pedra do 1º Raio: Diamante.
Animal associado ao 1º Raio: Diz-se que os animais de 1º Raio não existem mais na Terra.

COMO INCLUIR ENERGIA DE 1º RAIO EM SUA VIDA

"(...) se alguém se desse ao paciente o trabalho de analisar o homem comum, veria que um de seus sete princípios é mais vigoroso que os outros seis, e guia as forças de sua alma para o aspecto universal de si mesmo."

(Ernest Wood, Os Sete Raios, *Ed. Pensamento, p. 54, oitava edição)*

- Fazer todos os dias uma coisa que não gosta de fazer. Se conseguir fazer sempre no mesmo horário, estará incluindo também as energias do 7º Raio.
- Trabalhar mesmo sob cansaço físico ou mental;
- Fazer lista de prioridades no seu dia e cumpri-las;
- Praticar esportes é 7º Raio e, geralmente, 1º Raio secundário;
- Ligação com seu Eu Superior;
- Estabeleça metas claras e simples e empenhe-se em atingi-las;
- Aumente as metas antigas ou crie novas metas.

O 1º Raio não é disciplinado por natureza, ele se acostuma à disciplina, se prepara para conseguir seus objetivos e faz sacrifícios por seus ideais.

Trigueirinho, em seu livro *A Energia dos Raios em Sua Vida* (p. 38, Editora Pensamento), cita algumas formas de se trabalhar a disciplina no 1º Raio: "Uma possibilidade é a de escolher qualquer atividade da vida cotidiana que não seja muito significativa e atraente para nós, e trabalhar nela todos os dias, no mesmo horário, durante um período. Por exemplo, se optamos por molhar uma planta, devemos realizar essa tarefa regularmente, no tempo estipulado, tempo esse que deve ser estendido à medida que os dias forem passando".

A vontade é uma energia de 1º Raio facilmente encontrada em indivíduos que têm a expressão desse Raio em seus corpos mentais ou em suas personalidades.

Não existem indivíduos "sem vontade" ou de "vontade fraca", porque todos os seres humanos têm corpos mentais e, mesmo tendo outros Raios que atuem nesse corpo, todos os corpos mentais são expressões do 1º Raio. Algumas doenças deixam o corpo mental mais frágil.

Então, um indivíduo de "vontade fraca", por exemplo, pode ter todos os seus corpos em Raios pares, em determinado momento de sua vida.

Qualquer indivíduo ao sofrer depressão severa perde a qualidade da expressão de seus Raios ímpares e passa por uma fase em que o corpo dos desejos também adoece, e os prazeres, sentidos e sentimentos que emanam desse corpo perdem sua energia e não são mais canalizados.

As personalidades de Raios pares podem ter facilmente sua aura invadida por energias alheias. O 4º Raio, principalmente, mesmo quando o indivíduo consegue se libertar de seus vícios, está constantemente sendo influenciado por energias do plano astral.

EXPRESSÃO POSITIVA E NEGATIVA

Positiva: Poder.
Negativa: Poder.

RESUMO DO 1º RAIO

Vontade e Poder – Cor: Azul – Força, energia.

Dirigentes, políticos, "faço porque tem de ser feito", é a energia que nos faz levantar da cama para trabalhar.

"A vontade, portanto, sabe sempre o que quer, e também sabe como obter o que quer. Por isso, distingue-se claramente do desejo com o qual muitos se confundem.
O desejo é, com frequência, mais contemplativo do que ativo e permanece uma coisa relativamente passiva. No desejo, o eu é um simples espectador; na vontade, por outro lado, nos sentimos como autores das nossas volições. (...) Toda a vida dos homens de vontade é juncada de renúncias, de superações, de eliminações, de nem sempre fáceis escolhas, diante do escopo a alcançar. A vontade se afirma, acima de tudo, diante dos obstáculos, e é, justamente, liberação da força interior em relação à força exterior."

(Ângela Maria la Sala Batà, Os Sete Temperamentos Humanos, *Ed. Pensamento, p.17)*

1º RAIO

Descobrindo o Raio da Personalidade

1. Você se sente capaz de comandar ou dirigir pessoas?
2. É profissional liberal? (Todo profissional liberal tem um sub-Raio do 1º Raio, pela necessidade de não ter patrão, de ser independente.)
3. Demonstra sempre entusiasmo?
4. Procura sempre dar o máximo de si?
5. Tem uma percepção realista e equilibrada das situações?
6. Quem, na sua infância, era a figura de autoridade? Você se parece com essa pessoa?
7. Você é uma pessoa determinada?
8. Você é uma pessoa perseverante?

9. Você se mantém motivado mesmo diante de situações adversas?
10. Consegue superar as dificuldades?
11. Você é capaz de fazer sacrifícios para atingir suas metas?
12. Têm iniciativa em várias áreas de sua vida?
13. Toma decisões rapidamente?
14. Tem energia para trabalhar além de seu horário habitual?
15. Você administra bem o seu tempo?
16. Às vezes você subestima o outro ou é arrogante?

Faça uma lista das características positivas e outra das negativas que acredita possuir. Verifique se essas características são, na maioria, de 1º Raio.

David Tansley cita os deslumbramentos dos Raios em seu livro *As Trajetórias dos Raios e os Portais dos Chakras*. Pela experiência nos grupos de estudos esotéricos e no trabalho com a psicologia clínica percebi que muitos dos deslumbramentos citados eram verdadeiros, por isso usei alguns deles neste livro; com a experiência, descobri outros aqui relacionados.

REFLETIR

Culpa:
Ainda que os outros tenham falhas,
Concentre-se nas suas.

Algumas pessoas possuem o hábito de acusar as outras. Talvez todos nós tenhamos essa franqueza. A lista de bodes expiatórios para nossas desgraças é interminável. Os pais, a comunidade, os professores, o governo e até mesmo demônios e deuses – todos são invocados quando temos problemas. Se as dificuldades vêm realmente de fora, o problema não é a culpa. Nesses casos, a conduta é bem clara: elimine essa influência. Se o problema vem de dentro, a solução também deve vir de dentro. (...) Todos temos um âmago perfeito, um eu especial dentro de nós mesmos. Essa pureza é perfeita e sagrada; portanto, ninguém é pior do que ninguém.

"Estamos todos neste planeta simplesmente para tentar alcançar esse eu puro. Quando o atingimos, não há mais defeitos nem acusações."

(Deng Ming-Dao, Tao Meditações Diárias, *Ed. Martins Fontes, p. 153)*

3

2º RAIO

SEGUNDO ASPECTO DA DIVINDADE: AMOR-SABEDORIA

"O Segundo Propósito da Divindade. Seu símbolo é o trovão. Alguns dos nomes deste Senhor: O Senhor do Eterno Amor, O Doador da Sabedoria, O Mestre Construtor, Aquele que Oculta a Vida, O Mistério Cósmico, O Portador da Luz, O Cristo Cósmico."

"O Amor, magneticamente funcionando, produz sabedoria."

(Alice A. Bailey, Psicologia Esotérica, Vol. I, p. 372)

CARACTERÍSTICAS DO 2º RAIO

"Cada Raio atua através de um centro primariamente e através dos seis remanescentes, em uma ordem específica. O Raio predispõe o homem a certas fortalezas e fraquezas, e constitui seu princípio de limitação, assim como o dota de capacidade. Ele governa o método de suas relações com os outros tipos humanos..."

(Alice Bailey)

Existem Mestres de Luz de todos os Raios, e cada Raio tem um Mestre principal; mas, para deixar de reencarnar neste planeta, todos necessitam estar em harmonia com o Raio do Sol do nosso Sistema, que é o 2º Raio – Amor-Sabedoria. Ele funciona como uma porta de saída das últimas encarnações. Uma vez completada a cota de energia na sua faixa colorida, no Corpo Causal, o indivíduo não será mais atraído para uma reencarnação neste planeta.

O indivíduo amor-sabedoria é um educador, consegue ver o Eu Superior do outro, mesmo quando a personalidade desse outro ainda traz aspectos não evoluídos.

Uma personalidade amor-sabedoria é capaz de grandes transformações em sua vida, mas não são tão rápidas como as transformações dos indivíduos de 1º Raio, como o Apóstolo Paulo, que usou toda a força de seu 1º Raio para uma transformação relâmpago.

Os indivíduos de 1º Raio destroem seus defeitos, os de 2º Raio vão adquirindo as qualidades que desejam ou necessitam para evoluir, de maneira constante e gradativa.

O Amor-Sabedoria também ajuda na transformação do outro, com paciência e perseverança, quando o outro está pronto e quer isso.

O aspecto duplo do 2º Raio, Amor-Sabedoria, une a inclusão, o amor incondicional à sabedoria da Alma.

A inteligência do 2º Raio difere do aspecto do 3º Raio, por ser justamente inclusiva, por ser sabedoria. Também difere do conhecimento do 5º Raio, não é a lógica pura e fria do cientista. O ser de 2º Raio é um educador perfeito, vê perfeição mesmo através de uma aparência negativa: consegue sintetizar com mais intuição do que o 3º Raio e analisar com mais amor do que o 5º Raio, sem perder a perspectiva do Deus interno de cada ser. Esse educador é a síntese da relação Mestre-discípulo, ou dos professores que amam ensinar; de outro modo o ensino comum é uma característica do 3º Raio.

Uma personalidade de 2º Raio, em seu aspecto superior, traduz-se em uma pessoa calma, clara em suas ideias, positiva, compreensiva e aberta para aceitar pessoas que não comungam seus ideais.

Buda dizia a seus adeptos que quando se sentissem evoluídos em todos os aspectos deveriam tirar a mágoa de seus corações, porque o hábito de nutrir mágoa é comum até aos discípulos mais evoluídos. Uma personalidade de 2º Raio não guarda mágoas.

O 2º Raio é o Raio do Mestre, do humanitário, do sábio, do filantropo. O amor impessoal e universal é o ideal desse Raio. "Como mestre, reparte generosamente todo o conhecimento que possa ser útil, acentua o valor da autoiluminação que vem do interior, estimula o uso da intuição e distribui a felicidade" *(Geoffrey Hodson,* O Homem e seus Sete Temperamentos, *Ed. Pensamento, p. 35)*

Certos defeitos que alguns autores como Sala Batà, Ernest Wood e Alice Bailey colocam no 2º Raio, eu vejo como defeitos de 6º Raio. Como, por exemplo, medo de fazer sofrer, preguiça (mais 4º Raio) e egoísmo.

O mapa natal do indivíduo mostra suas tendências de Raios. Pessoas com o elemento Água acentuado no mapa, por exemplo, têm uma tendência a ter personalidades com Raios pares. Júpiter na primeira casa e às vezes na décima costuma trazer uma personalidade de 1º Raio; Mercúrio retrógrado pode trazer defeitos do 3º Raio e assim por diante.

O 2º Raio está ligado ao 6º pelo conceito de sacrifício. Entretanto, enquanto no 6º o sacrifício é individual (por uma causa mais palpável), no 2º o indivíduo é capaz de sacrificar-se pela humanidade.

O amor do 2º Raio é inclusivo, por isso é quase sempre chamado de Atração. Não é conhecimento (um atributo do 5º Raio), mas sim Sabedoria, Chokmah, a segunda sephira da Árvore da Vida, o Grande Pai, aquele que emana energia para todos os seres.

Diferentemente dos indivíduos de 1º Raio, ele não destrói seus aspectos negativos, mas os transforma em positivos. O temperamento de 2º Raio gera indivíduos intuitivos, amorosos, mesmo quando modificados por Raios ímpares.

A caridade é também uma característica marcante nesse Raio, mas difere da caridade do 6º Raio, pois aqui ela é revelada por meio do tato, na ausência de crítica e na aceitação, enquanto no 6º Raio a caridade é mais concreta, efetiva-se por intermédio de comida, roupas ou remédios. A caridade é comum aos dois tipos de Raios.

> "(...) máxima amplitude de afeições; desejo imenso de proteger, estimular e proporcionar felicidade aos outros, em particular repartindo os próprios bens, o dom de ensinar. (...) Se essas características se manifestarem em qualquer pessoa, então, pode-se dizer sem erro, que ela se encontra no 2º Raio."
>
> *(Geoffrey Hodson,* O Homem e Seus Sete Temperamentos,
> *Ed. Pensamento, p. 74)*

- Amor como aceitação, como respeito a si mesmo, ao outro e à natureza;
- Amor como compreensão, independentemente das questões pessoais;
- Amor ao planeta e à humanidade;
- Os indivíduos de 2º Raio amam os seres vivos.

Aspectos positivos do 2º Raio

Paciência/ Calma/ Serenidade/ Aceitação/ Sensibilidade/ Decisão/ Tato/ Espírito de cooperação/ Amor ao estudo/ Inteligência clara/ Confiança/ Doçura/ Generosidade/ Compaixão/ Amor/ Sabedoria/ Intuição/ Filantropia/ Sentimento de unidade/ Simpatia/ Sacrifício pelos outros (como 6º Raio)/ Resistência/ Força/ Fidelidade/ Amor à Verdade/ Altruísmo/ Saber escutar/ Expansão/ Amor inclusivo/ Inspiração/ Respeito/ Responsabilidade/ Empatia/ Perseverança (como 7º Raio)/ Temperamento sereno/ Amor à humanidade e ao planeta/ Consciência ecológica.

Aspectos negativos do 2º Raio

Indecisão/ Medos (de não ser amado, de ser abandonado, de não ser entendido)/ Apegos/ Possessividade (como no 6º Raio)/ Não consegue extrair nada de bom da solidão (diferentemente das pessoas de 1º Raio)/ Abandono/ Perda de confiança/ Absorção excessiva no estudo/ Dificuldade em aceitar as limitações mentais alheias.

Os sete defeitos principais do 2º Raio

Desamor/ Dificuldade de inclusão/ Supervalorização do estudo/ Dificuldade em aceitar o ponto de vista do outro/ Isolamento/ Indiferença/ Desânimo.

Defeitos secundários do 2º Raio

Medo/ Preconceito racial/ Valor exagerado à sensibilidade/ Indecisão/ Dificuldade em amar a humanidade/ Dificuldade em amar o planeta/ Falta de entusiasmo/ Amor excessivo ao estudo e dificuldade de adaptação às mudanças.

Virtudes a desenvolver

Amor ao estudo/ Autoconfiança/ Simpatia/ Energia/ Decisão/ Entusiasmo/ Adaptação às mudanças.

Virtudes a incluir

As virtudes do 1º Raio/ As virtudes do 5º Raio

As sete qualidades principais do 2º Raio

(Essenciais para a evolução da Alma.)
Amor à humanidade e ao planeta/ Consciência ecológica/ Compaixão/ Sabedoria/ Sensibilidade/ Aceitação e Serenidade.

Profissões do 2º Raio

Medicina (Geoffrey Hudson e E. Wood)/ Às vezes, esconde-se atrás do 5º Raio e aparece em profissionais da saúde (o conhecimento do 5º Raio será transmitido com Sabedoria no 2º Raio)/ Professor/ Embaixador/ Diplomata/ Educador/ Alguns autores incluem aqui os psicólogos e os psiquiatras, porém a maioria destes profissionais têm personalidade de 5º Raio.

Qualidades do 2º Raio

Alice Bailey: Amor Divino, Irradiação, Atração, Poder de Salvar, Sabedoria, Expansão ou Inclusividade. Sala Batà diz que a sabedoria é a "inteligência do coração", que se torna intuição.

Espiritualmente, sabedoria é amor e amor é sabedoria. Creio ser este Raio o que mais fascina o estudante, porque é o Raio do nosso Sistema Solar; todos os Mestres de Luz evoluem com auxílio dele antes de se tornar Avatares.

TIPOS DE 2º RAIO

"De fato, nada há em todo o Sistema Solar, seja qual for o seu estágio de evolução, que não pertença ou não tenha pertencido a algum dos Sete Raios."

(Alice Bailey)

Tipo inferior

O tipo inferior de 2º Raio gera indivíduos egoístas, que querem ser amados sem dar amor, não aceitam muito bem os indivíduos que não pensam rapidamente ou que não estão buscando a própria evolução.

Tipo médio

Indivíduos com essa personalidade abrem-se para o amor universal. Vão se tornando mais receptivos, aceitam mais seus defeitos e os defeitos alheios. Amam os animais e sofrem com o sofrimento deles.

Tipo superior

O tipo mais evoluído do 2º Raio é muito raro, por ser um exemplo de amor e fraternidade universal. Esse indivíduo se preocupa com o meio ambiente, com os animais e com os seres humanos.

Ele não prioriza uma causa, como o 6º Raio, ele vê o conjunto e o equilíbrio dinâmico entre os seres e a natureza. Ele ama não só os humildes e sofredores como também os agressores e os tiranos. Jesus e Buda são bons exemplos desse tipo de Raio.

Jesus foi uma personalidade de 6º Raio puro que, ao se tornar Cristo, transformou-se em 2º Raio puro.

AJUDANDO PERSONALIDADES DE 2º RAIO

- Enumere suas qualidades;
- Enumere suas dificuldades;
- Diferentemente do 1º Raio, essas pessoas gostam de saber quais são seu defeitos e como superá-los, e isso pode acontecer sem aumento da culpa, que é muito comum nos Raios pares. Este método no 1º Raio só iria aumentar suas defesas;
- Faça um planejamento para transformar seus defeitos em qualidades;
- Os indivíduos de 2º Raio, como todos os pares, tendem à depressão quando estiverem em desequilíbrio (os ímpares, por sua vez, tendem à ansiedade nos aspectos negativos). Desse modo, personalidades de 2º Raio (raras) devem estimular em si características do 7º e do 1º Raio para não se deprimirem. Como exemplo, praticar um exercício físico e/ou treinar a assertividade.

Personalidades de 2º Raio geralmente estabelecem para si metas muito altas ou irreais. Os indivíduos de 2º Raio têm dificuldades em lidar com a vida real, com seus trabalhos, familiares e amigos. Preferem ambientes repletos de harmonia, gostam de meditação e contemplação. Quando entram em contato com pessoas em conflito e ambientes desarmônicos, as personalidades de 2º Raio (assim como as do 6º Raio) tendem ao desequilíbrio emocional por absorverem em suas auras energias negativas.

Quando o 2º e o 6º Raios agem na mesma pessoa é possível que ela se torne apática; apesar de seu potencial para a cura. Para efetivar suas qualidades e diminuir o ônus dos aspectos negativos do 2º Raio deve-se incentivar a inclusão de qualidades do 1º Raio, como coragem, energia, brilho.

> **Compaixão é a chave para o 2º Raio**

DIFICULDADE DO 2º RAIO

Inércia, que deve ser vencida.

ILUSÕES DO 2º RAIO

Deslumbramento de amar e ser amado/ Deslumbramento de ser popular/ Deslumbramento da sabedoria pessoal/ Deslumbramento da autossatisfação.

AFIRMAÇÕES POSITIVAS PARA REEQUILIBRAR OS ASPECTOS NEGATIVOS DO 2º RAIO

– EU SOU a Vontade Divina dirigindo minha personalidade!
– EU SOU a Compaixão!
– EU SOU Energia e Ação corretas!
– EU SOU capaz de tomar decisões com Sabedoria!
– EU SOU o Amor pela vida e por todos os seres viventes!
– EU SOU a Intuição!
– EU SOU a Perfeição atuando em todos os meus corpos!

– EU SOU a Aceitação da minha família, meu trabalho, meu mundo!
– EU SOU Luz e eu expando, expando, expando essa luz para todo o planeta, todos os elementais e todos os elementos do planeta Terra!
– EU SOU o Agradecimento ao Planeta, aos Devas e aos Elementais por tornarem possível a vida e a evolução humana!
– EU SOU a Aceitação incondicional de cada ser humano!
Está Decretado!

DESEQUILÍBRIO DO 2º RAIO E OS FLORAIS MINEIROS

- Inclusão do 5º Raio na Oitava Superior: *Millefolium*
- Inclusão dos 4º e 6º Raios na Oitava Superior: *Ígnea* e/ou *Rosmarinus*
- Inclusão do 1º Raio na Oitava Superior: *Dianthus* e *Salvia*

Centro de Energia (Chacra) do 2º Raio: Cardíaco
Pedra do 2º Raio: Safira Amarela
Animal associado ao 2º Raio: Elefante

"Diz-se do elefante que ele está à frente do tipo de animal do 2º Raio, enquanto o gato e o cão ocupam uma posição similar nos 4º e 6º Raios, respectivamente. Não temos tido informações quanto aos demais, com exceção de que os animais de 1º Raio não existem mais na Terra."

(Alice A. Bailey, Psicologia Esotérica, *Vol. I, p. 144)*

Como incluir Energia de 2º Raio em sua vida

- Incluindo aspectos positivos do 6º Raio e do 5º Raio.
- Incluindo aspectos positivos do 6º Raio e do 2º Raio.

Expressão positiva e negativa

Positiva: Consciência Crística. Relação Mestre-aluno.
Negativa: Necessidade de perceber a evolução espiritual para amar ou aceitar ou outros.

"O desejo da Divindade se expressa com auxílio do 2º Raio do Amor-Sabedoria. Desejo é uma palavra que foi prostituída para cobrir a tendência da humanidade de almejar coisas materiais ou aqueles prazeres que trazem satisfação à natureza sensorial. Aplica-se àquelas condições que satisfarão a personalidade, mas, em última análise, o desejo é essencialmente amor. Esse desejo é expressado pela qualidade da atração, por sua capacidade de trazer para si e para o Raio de sua influência aquilo que é amado."

(Alice A. Bailey, Psicologia Esotérica, Vol. 1, p. 40)

RESUMO DO 2º RAIO

Amor-Sabedoria – Cor: Amarelo-dourado.

O amor do 2º Raio é inclusivo, por isso é quase sempre chamado de Atração. A Sabedoria aqui é definida como "Inteligência do Coração", não é conhecimento (um atributo do 5º Raio), mas sim Sabedoria, Chokmah, a segunda sephira da Árvore da Vida, o Grande Pai.

Mestres de Luz/ Raio do nosso Sistema Solar/ Quando o Mestre não precisa mais encarnar, quando acaba a atração (no sentido esotérico) ao planeta, ocorre a transformação em Avatar/ Raio dos professores, dos monges (retiro para emanar para o mundo – passividade extrema e atividade interna). Diplomatas e Ecologistas.

"A sabedoria, portanto, está unida ao amor para indicar sua qualidade de amor maduro, compreensivo, intuitivo, abrangente. Na verdade, a sabedoria nasce quando a mente não põe obstáculos ao coração, antes colabora com ele e coloca sua luz a serviço da sua sensibilidade. (...) Parece evidente que a nota característica e mais essencial do 2º Raio é a tendência à união e à identificação, e seu progresso chega pelas sucessivas ampliações da consciência até alcançar a consciência Anímica e a consciência universal. Os maiores defeitos do 2º Raio são a inércia e a preguiça. Seria quase possível dizer que o temperamento do 2º Raio é oposto ao do 1º Raio, já que as qualidades de um correspondem aos defeitos do outro, e vice-versa."

(Sala Batà)

2º RAIO

Descobrindo o Raio da Personalidade

1. Você é paciente e compreensivo(a)?
2. Você costuma ser uma pessoa amorosa?
3. Aceita as pessoas como elas são?

4. Você se sente à vontade com pessoas estranhas?
5. Faz amizades facilmente?
6. Respeita crenças diferentes das suas?
7. Tem amigos de religiões diferentes da sua?
8. Você inclui pessoas nos planos que faz para sua vida?
9. Você percebe as necessidades dos demais?
10. Você tem intuição?
11. Mantém coerência entre discurso e ação?
12. Você é uma pessoa transparente?
13. Você é uma pessoa altruísta?
14. Você não tem preconceitos?
15. Você aceita suas qualidades e defeitos?
16. Sabe ouvir as pessoas?
17. Toma decisões acertadas, mesmo com poucas informações?
18. Consegue perceber o outro e aceitá-lo?
19. Tenta não ferir os sentimentos das pessoas com as quais se relaciona?

Faça uma lista das características positivas e outra das negativas que acredita possuir. Separe as características de 2º Raio.

REFLETIR

"Maturidade
A imortalidade não engendra sabedoria
Só a mortalidade."

(Deng Ming-Dao, Tao Meditações Diárias,
Ed. Martins Fontes, p. 302)

4

3º RAIO

TERCEIRO ASPECTO DA DIVINDADE: INTELIGÊNCIA ATIVA

"O Terceiro Propósito da Divindade. O Conservador dos Registros. O Senhor da Memória. O Unificador dos Quatro Inferiores. O Senhor do Equilíbrio. O Separador Divino. O Iluminador do Lótus. O Construtor da Fundação. O Antecipador da Luz. O Dispensador do Tempo. A Mente Universal."

"Os Sete Raios tendo aparecimento cíclico têm continuamente entrado e saído de manifestação, e assim deixado sua marca através dos tempos (...)."

(Alice Bailey)

CARACTERÍSTICAS DO 3º RAIO

Chamado de "O Espírito Santo" por alguns esotéricos, esse é o Raio da mente, da Inteligência Ativa. É o Raio do nosso planeta. Ativa a inteligência no ser humano e o diferencia das outras formas de vida.

A energia desse Raio não confere a seus filhos maior inteligência que outros Raios; mas lhes empresta características inconfundíveis, como a valorização excessiva da atividade mental.

Essa energia nem sempre é ordenada e muitas vezes produz o tipo inferior desse Raio, que apresenta pensamentos confusos e incoerentes. As deficiências que produz em seu aspecto negativo estão relacionadas ao uso incorreto dessa energia, o que gera um ser ligado a fofocas, mentiras, falsidade ou com a inteligência usada para trapacear os outros.

O indivíduo de 3º Raio perde energia porque sua mente irrequieta assume muitos compromissos de uma só vez e não termina nenhum. O temperamento de 4º Raio perde energia porque tem dificuldade em concretizar; vai adiando, adiando e também não termina o que começou. Um temperamento que possua esses dois Raios na personalidade estará sempre insatisfeito, inseguro, sem forças para seu trabalho ou estudo. Esse indivíduo está sempre cobrando algo de si mesmo. O 3º Raio não suporta a lentidão do 4º Raio.

Enquanto o mau humor é um defeito principal no 3º Raio, no 1º Raio é um defeito secundário. No 3º Raio esse defeito está associado à impaciência. O sujeito que possui o 3º Raio na personalidade, e também esse defeito, deve aos poucos dissociar impaciência de mau humor. Alguma coisa do tipo: "Estou impaciente. O que eu quero fazer com isso?". Como sempre, o primeiro passo é a conscientização.

O sujeito com esse perfil tende a se desvalorizar dia após dia. "Eu não consegui isso, eu não fiz aquilo, não deu tempo de terminar o relatório", etc.

O sentimento de menos valia tende a aumentar na vida adulta e pode levar o indivíduo à depressão ou à ansiedade, dependendo do Raio que estiver atuando mais. Ou pode levar a um tipo específico de depressão: distimia.

Todos os Raios pares podem levar à depressão, porém, na prática, isso acontece mais com os 4º e 6º Raios. Todos os Raios ímpares podem levar à ansiedade, mas, na prática, o 3º Raio é quase sempre responsável por isso, ou melhor, uma disfunção do 3º Raio, seus aspectos negativos.

O temperamento de 3º Raio revela um indivíduo muito teórico, enquanto o de 5º Raio é extremamente prático, porém ambos gostam da pesquisa e do conhecimento. Enquanto o 3º Raio revela capacidade de síntese, o 5º Raio revela capacidade de análise. O temperamento de 3º Raio ama a comunicação e é bastante comum agora, na Era de Aquário.

"Que o Mantenedor das centelhas aspire com o alento divino sobre os pontos do fogo, e que ele faça arder até a brasa aquilo que está oculto, aquilo que não é visto, e assim ilumine todas as esferas sobre as quais Deus Trabalha."

(Alice Bailey, Psicologia Esotérica, Vol. I, p. 60)

Aspectos positivos do 3º Raio

Objetividade/ Clareza mental/ Capacidade de síntese/ Visão ampla sobre assuntos abstratos/ Idealismo/ Desapego das pequenas preocupações materiais/ Adaptação/ Versatilidade/ Dinamismo/ Equilíbrio/ Diplomacia/ Mente penetrante/ Gosto pela comunicação, principalmente verbal/ Sinceridade de propósito/ Investigador/ Tato (de vendedor)/ Rapidez de intelecto.

Aspectos negativos do 3º Raio

Dispersão/ Fofoca/ Crítica constante e/ou excessiva (pessoas que ficam o tempo todo procurando uma briga verbal ou criticam os outros com argumentos, mas de forma excessiva)/ Personalidade separatista/ Frivolidade/ Indiferença/ Impaciência/ Dificuldade em lidar com pessoas que expressam muito suas emoções/ Mentiras/ Embotamento intelectual/ Egoísmo/ Intriga/ Fraqueza diante de uma crise/ Hipocrisia/ Valoriza demais a inteligência/ Aborrecimento e implicância com coisas sem importância/ Orgulho intelectual/ Falta de concentração/ Hiperatividade/ Dificuldade para meditar/ Preconceitos (como no 5º Raio)/ Teimosia/ Superficialidade intelectual (quer saber sobre todos os assuntos e não consegue se aprofundar em nenhum)/ Indivíduo manipulador, caso o 1º Raio esteja associado também de forma negativa.

Os sete defeitos principais do 3º Raio

Impaciência/ Mau humor/ Acredita demais na própria eficiência/ Usa a inteligência para fins egoístas/ Crítica/ Engana ou ilude/ Irritabilidade.

Em seu livro *Mentes Inquietas*, Ana Beatriz B. Silva exemplifica uma personalidade típica de 3º Raio quando descreve "o acionista". Nesse tipo estão os indivíduos que trabalham demais e às vezes sabotam o próprio trabalho para não enfrentar o fim das tarefas. Não necessariamente o sujeito é DDA, mas pode vir a ser. Esta é uma doença da união negativa dos 3º e 7º Raios.

Defeitos secundários do 3º Raio

Superficialidade/ Incapacidade de concentração/ Astúcia/ Intriga/ Impulsividade/ Preconceito com trabalhos que não exijam esforços mentais/ Mentira.

Virtudes a desenvolver

Simpatia (7º Raio)/ Tolerância/ Aspectos positivos do 6º Raio/ Aceitação (2º Raio)/ Contemplação (4º Raio)/ Energia (1º Raio)/ Bom senso (5º Raio).

Virtudes a obter

Capacidade de meditação/ Silêncio/ Respeito ao outro/ Paciência.

Profissões do 3º Raio

Advogado/ Comerciante/ Vendedor/ Professor (alguns são do 2º Raio)/ Economista/ Jogador de xadrez/ Juiz (às vezes modificado pelo 6º Raio)/ Banqueiro (se modificado pelo 1º Raio)/ Intérprete/ Cartunista/ Astrólogo/ Alquimista/ Jornalista/ Comunicador/ Historiador (se modificado pelo 5º Raio)/ Administrador/ Poeta.

Qualidades do 3º Raio

É o Raio que revela capacidade de raciocinar, característica natural do ser humano, mas que associada a alguns elementos, ocasiona um temperamento chamado Inteligência Ativa.

As personalidades do 3º Raio usam suas mentes como "ferramentas", são dotadas de raciocínio rápido e prevalece uma concentração de energia nesse aspecto em detrimento de outros, como o afeto. Tal concentração de energia não equivale à inteligência, uma vez que todos os seres de outros Raios podem ser brilhantes. Um indivíduo com personalidade de 3º Raio valoriza muito a inteligência, é habilidoso no falar e tem raciocínio rápido. Muitos autores (como Sala Batà) incluem os filósofos nesse Raio. Creio que isso só acontece quando o 3º Raio é modificado pelos aspectos superiores do 6º Raio.

Uma personalidade de 3º Raio mostra um indivíduo geralmente descuidado com sua aparência; não convencional. Isso só muda se essa personalidade for modificada por um sub-Raio, como o 7º Raio, por exemplo. Então teremos um indivíduo com muitas características do 3º Raio, mas preocupado e atento com sua aparência. O que acontece muito nesta Era de Aquário.

Sala Batà coloca a preguiça como aspecto negativo de 3º Raio. Minha experiência mostrou que esta é uma característica negativa própria dos Raios pares, mais especificamente dos 4º e 6º Raios. O que pode ser visto como preguiça é uma incompatibilidade com tarefas rotineiras e/ou braçais.

Alice Bailey: o poder de manifestar, o poder de evoluir, iluminação mental, o poder de produzir a síntese no plano físico, investigação científica e equilíbrio.

TIPOS DE 3º RAIO

Tipo inferior

É o tipo que explora pessoas, faz intrigas, usa a inteligência apenas para interesses pessoais.

Tipo médio (conhecer para evoluir)

O tipo médio desse Raio é um teórico que nunca concretiza seus ideais. Detesta exercícios físicos e trabalhos braçais, acha-se inteligente demais para isso. "A pessoa aprende a 'destruir o Karma no fogo do conhecimento' em sua própria vida (...)." (G. Hodson)

Tipo superior

É aquele que sabe aconselhar, sabe usar os meios de comunicação para o bem de todos. O professor. Interessa-se por Filosofia e Metafísica. "Em uma palavra: todas as qualidades que derivam da polaridade mental em um indivíduo evoluído e culto, que superou o apego às coisas materiais e tem um certo grau de purificação." (Sala Batà)

AJUDANDO PERSONALIDADES DE 3º RAIO

"A alma humana é uma síntese de energia material, qualificada pela consciência inteligente, mais a energia espiritual que é, por sua vez, qualificada por um dos sete tipos de Raio."

(Alice Bailey)

Os Raios ímpares podem ser manipuladores e materialistas, mas nos indivíduos de 3º Raio essas características não são acentuadas, embora possam ser extremamente críticos, o que dificulta a ajuda.
- Suas qualidades devem ser analisadas e fortalecidas.
- A meditação e o silêncio podem auxiliar o indivíduo a se interiorizar.
- Características dos Raios pares são úteis e devem ser adquiridas ou salientadas se estiverem presentes em um dos corpos internos.
- O amor expansivo e inclusivo do 2º Raio não deve ser colocado como meta. Esse indivíduo pode usar a razão para perceber melhores expressões desse Raio para sua vida. Isso é para não aumentar sentimentos de inadequação comuns aos indivíduos de 3º Raio.
- O indivíduo de 3º Raio deve evitar a fala compulsiva; deve valorizar esse dom.

> Objetividade é a chave para o 3º Raio

DIFICULDADE DO 3º RAIO

Deve vencer a raiva e o sentimento de inadequação.

ILUSÕES DO 3º RAIO

Pretensão de tudo saber/ Deslumbramento de estar sempre ocupado/ Deslumbramento de ser importante em termos de conhecimento e eficiência.

AFIRMAÇÕES POSITIVAS PARA REEQUILIBRAR OS ASPECTOS NEGATIVOS DO 3º RAIO

– EU SOU Energia!
– EU SOU Ação!
– EU SOU a Inteligência Divina atuando no meu ser, nos meus negócios, no meu mundo!
– EU SOU a Aceitação Divina! Eu aceito, aceito, aceito o outro como ele é!
– EU SOU a Atenção e Concentração atuando em minha vida agora e sempre!
– EU SOU a Paciência Infinita! Eu expando, expando, expando essa qualidade para todas as áreas de minha vida!
– EU SOU a Perfeição do meu dia e ela é autossustentada!
– EU SOU a Inteligência Perfeita, tornando-se visível aqui e agora para meu uso correto!
Está Decretado!

DESEQUILÍBRIO DO 3º RAIO E OS FLORAIS MINEIROS

- Inclusão do 1º Raio na Oitava Superior – *Anil*
- Inclusão do 2º Raio na Oitava Superior – *Salvia* ou *Orellana*
- Inclusão do 3º Raio na Oitava Superior – *Momordica* ou *Lavandula*
- Inclusão dos 4º e 6º Raios na Oitava Superior – *Impatiens*
- Inclusão do 6º Raio na Oitava Superior – *Tropaeolum* ou *Phyllantus*

Centro de Energia (Chacra) do 3º Raio: Laríngeo
Pedra do 3º Raio: Quartzo Rosa.
Animal associado ao 3º Raio: Macaco

COMO INCLUIR ENERGIA DE 3º RAIO EM SUA VIDA

- Incluir aspectos positivos do 2º Raio.
- Incluir aspectos positivos do 3º Raio.
- Transformar aspectos negativos do 3º Raio em aspectos positivos.

"A energia do terceiro aspecto da Divindade tem uma função muito importante e faz sentir seu influxo em todos os reinos da natureza, em cada ser, em cada forma e em cada pequena partícula da matéria..."

(Sala Batà)

EXPRESSÃO POSITIVA E NEGATIVA

Positiva: Meios de comunicação; internet; trabalhos acadêmicos; livros.

Negativa: Muitos sistemas educacionais; meios de comunicação; críticas, internet.

RESUMO DO 3º RAIO

Inteligência Ativa – Cor: Rosa
É o Raio do nosso planeta. O indivíduo de personalidade de 3º Raio gosta de estudar, perde a paciência facilmente, tem uma ligação complicada com a comida. Crítica afiada; meios de comunicação.

3º RAIO

Descobrindo o Raio da Personalidade

1. Você é exigente com as pessoas que ama? (é uma característica dos Raios ímpares)
2. Você é uma pessoa crítica? Questionadora?
3. Tem dificuldade em se relacionar com pessoas menos dotadas intelectualmente?
4. Valoriza o intelecto acima de qualquer outro aspecto?
5. Irrita-se facilmente?
6. Você tem agilidade mental?
7. Percebe detalhes e consegue correlacioná-los facilmente?
8. Você é uma pessoa facilmente adaptável?
9. É uma pessoa curiosa, sempre pronta para aprender?
10. Tem múltiplos interesses?
11. Expressa suas ideias de maneira fluente, objetiva e clara, seja na forma escrita ou na verbal?

Faça uma lista das características positivas e outra das negativas que acredita possuir. Separe as características de 3º Raio e verifique se elas representam a maioria.

REFLETIR

"Internalizar
As pessoas acham que não precisam aprender
Porque há muita informação disponível.
Mas conhecimento é mais do que informação.
Só os sábios movimentam-se com rapidez suficiente."

(Deng Ming-Dao, Tao Meditações Diárias,
Ed. Martins Fontes, p.199)

5

4º RAIO

QUARTO ASPECTO DA DIVINDADE: HARMONIA POR MEIO DO CONFLITO

A cor, a Forma e a Alma estão imersas na matéria.

"O Quarto Propósito da Divindade. O Senhor da Harmonia, Beleza e Arte. O Poder para Expressar a Divindade. A Harmonia das Esferas. A Síntese da Verdadeira Beleza. O Refinador. O Elo entre os Três e Três, O Percebedor do Caminho. O Revisor da Forma."

"A não identificação com a forma é que nos deixará abertos para outros estados mais elevados de consciência."

(Trigueirinho, A Energia dos Raios em Nossa Vida, *p. 94, Ed. Pensamento)*

CARACTERÍSTICAS DO 4º RAIO

"As almas jovens procuram a felicidade, as mais velhas a paz, a calma, o equilíbrio."

(Paul Brunton)

É o Raio dos conflitos, apesar da meta ser a harmonia; é a energia que divide os três primeiros Raios dos três últimos; é a confusão antes da decisão, a angústia do artista antes da obra concluída.

> "As pessoas que têm uma personalidade de 4º Raio são ambivalentes em seus sentimentos, sempre estão em dúvida; são criativas e repletas de energia em alguns dias, enquanto em outros estão angustiadas ou com preguiça, não conseguem produzir." Sala Batà diz que isso ocorre porque "neles Tamas (inércia) e Rajas (atividade) encontram-se em quantidade igual".

Personalidades do 4º Raio são indivíduos intensos, sensuais, com problemas com o corpo astral; por isso sentem dificuldade em controlar os desejos, podem comer ou dormir mais do que necessitam. Isso não quer dizer que sejam materialistas; podem ser espiritualistas, mas sentem dificuldade em controlar os sentimentos e as sensações; são sensíveis e sonhadores. Esses indivíduos geralmente se iludem com a intensa criatividade que percebem em suas personalidades. A criatividade não faz do indivíduo um artista, ele precisa expressá-la, concretizar sua arte.

Personalidades de todos os Raios precisam de uma energia secundária do 7º Raio; porém, a personalidade de 4º Raio depende diretamente da persistência do 7º. Sem ela, um indivíduo de 4º Raio não produz, nem tem energia para fortificar seu corpo astral. A preguiça, o sono e as drogas ficam muito atraentes. Na verdade, o ideal é introduzir o 7º e o 1º Aspecto da Divindade, assim o distraído e sonolento 4º Raio ganha energia e ordem, organiza sua bagunça interna e externa e aceita pequenos rituais diários que facilitam a vida de uma pessoa produtiva.

Tanto A. Bailey quanto Sala Batà falam do amor dessas pessoas de 4º Raio por animais, porém, nos 25 anos de prática em grupos de estudo e no consultório, percebi que é uma característica secundária para esse Raio. Na verdade, esta é uma acentuada característica do 6º Raio. De modo geral, os Raios pares sentem maior afinidade com os animais, mas os indivíduos de 6º Raio tornam os animais domésticos seres de suas famílias. Os Raios ímpares não possuem muita afinidade com animais, a não ser quando modificados por algum dos Raios pares. O amor do 2º Raio para com os animais é diferente do amor do 6º Raio. Enquanto um ser de 2º Raio ama todos os animais do planeta, um de 6º Raio vai amar o seu animal. O indivíduo de 4º Raio irá amar um animal por carência afetiva, para substituir alguém da família que morreu ou partiu, ou para não ficar só.

Mestre Kutumi, quando São Francisco, amou os animais como só os seres evoluídos do 2º Raio o fazem. Uma personalidade de 2º Raio ora por todos os animais do planeta. Algumas personalidades de 6º Raio oram apenas por seus animais, e mesmo assim se o 6º Raio estiver modificado pelo 2º Raio (mais amor universal) ou pelo 7º Raio (mais refinamento e sensibilidade).

A sensibilidade dos indivíduos de 4º Raio é tão grande que eles são bons ouvintes – não necessariamente bons conselheiros –, mas vivem um inferno particular e podem compreender perfeitamente o inferno de outras pessoas. Muitos desses seres angustiados encontram na arte uma forma de canalizar suas inquietações, e a humanidade agradece aos gênios que produzem trabalhos brilhantes na pintura, na música e, às vezes, também na escrita (que, para alguns autores, é obra de indivíduos de 1º Raio e, para outros, de 3º).

De modo geral, a personalidade de 4º Raio é improdutiva. Ela precisa ser modificada por qualquer Raio ímpar, a fim de ganhar energia suficiente para concretizar seus sonhos, persistir nas tarefas e recomeçar outro caminho, em vez de se lamentar e culpar os pais e o mundo por sua falta de sucesso.

O 3º Raio é o último recurso a ser usado para auxiliar o 4º Raio, porque quando seus defeitos se unem, temos várias doenças psicológicas. Quando uma personalidade de 4º Raio se envolve com drogas, persiste nas atitudes adolescentes, mesmo que esse indivíduo já esteja na terceira idade. Essa pessoa não tem energia suficiente para acordar cedo, não planeja sua vida e abandona os estudos. É literalmente arrastada no decorrer da vida pelas variáveis que não consegue controlar. Como não consegue controlar seu corpo dos desejos, não consegue controlar mais nada em sua vida.

Os vícios do 3º Raio são mais voltados às bebidas alcoólicas e ao tabagismo. A sociedade tende a aceitar mais os vícios de 3º Raio porque o planeta Terra é regido por ele. É como se houvesse uma desculpa implícita nesse comportamento, como se isso realmente fizesse parte. Essa energia vem junto com o pacote do 3º Raio e temos que aceitar o pacote todo para compreender personalidades de 3º Raio. Os vícios do 4º Raio são devastadores e também podem incluir alcoolismo, embora sejam mais comuns: sexo, drogas, sono e preguiça.

O 3º Raio não ajuda muito o 4º Raio na sua impotência, pois no seu aspecto negativo traz a ansiedade e a crítica excessiva. O indivíduo que tem uma personalidade de 4º Raio modificada por um 3º Raio usa a crítica como defesa e desculpa para não concretizar suas ideias. Nada do que ele produz é suficientemente bom para ser aceito. Quase tudo que outros artistas produzem também passa por esse crivo.

De modo geral, as mães de 6º Raio contribuem para a formação do tipo inferior de personalidade de 4º Raio. Elas protegem seus filhos adolescentes e adultos como se fossem bebês. Eles não recebem nenhuma responsabilidade familiar, dormem muito e produzem pouco. Desse modo, acabam sendo eternos adolescentes, nunca saem de casa para morar sozinhos ou com seus parceiros e, quando o fazem, logo retornam ao ninho com a sensação de incompetência, de fracasso.

Quando Sala Batà afirma que o 4º Raio separa os Raios introvertidos (os três primeiros) dos extrovertidos (os três últimos), não significa que as personalidades desses Raios sejam assim analisadas.

Os três primeiros Raios são correspondentes aos Raios das Mônadas (só existem Mônadas de 1º, 2º e 3º Raios) e, a partir do 4º Raio, temos um aspecto que não tem correspondência monádica; isso por si só já é uma grande diferença.

O 4º Raio une e separa os três primeiros e os três últimos, sendo muitas vezes chamado de o intermediário, o escondido, aquele que marca a divisão do caminho e o Elo entre os Três e Três. Esse Raio recebe muitos nomes, mas seu nome mais adequado é realmente Harmonia a Partir do Conflito, porque o temperamento desse Raio denota um indivíduo sempre em conflito consigo mesmo, sempre questionando ou balanceando os opostos para chegar até a harmonia.

O indivíduo de temperamento de 4º Raio tende a extremos. Mesmo nas qualidades positivas, revela-se um pouco confuso e indeciso, a não ser quando for bastante modificado por um Raio ímpar. As personalidades regidas pelo 4º Raio, ao mesmo tempo que admiram os aspectos sutis e espiritualistas da vida e das pessoas, não deixam também de perceber (e sentir) as paixões e os aspectos materiais da vida encarnada.

O 4º Raio é muito comum aos artistas (apesar de nem todo artista ter um temperamento de 4º Raio), porque a partir do conflito surge a arte, e também pelo fato de ser o Raio da Beleza, com o qual as formas, as cores e os sons são mais sensivelmente captados.

Se o 4º Raio estiver junto ao 1º Raio (como Raio principal ou sub-Raio), é possível buscar essas qualidades na própria expressão artística, desde que não haja outras complicações comuns com os aspectos negativos do 4º Raio, como drogas ou hipocondria.

Quando o temperamento de 4º Raio compreende sua origem cósmica e junta seus opostos criando novas qualidades, ele se torna evoluído e criativo.

Para o indivíduo de 4º Raio falta ambição, energia para chegar a suas metas, quando as tem. De modo geral, vai apenas vivendo o presente com muita dificuldade.

As personalidades de 4º Raio precisam das energias dos 1º e 7º Raios, que concretizam sua criatividade, caso contrário, passam a vida com a ilusão de ser artistas e não efetivam nada.

O 1º Raio dá a essas personalidades a energia para trabalhar cerca de dez a doze horas por dia de modo a alcançarem seus objetivos. O 7º Raio faz com que façam e refaçam dezenas de vezes o mesmo texto, a mesma tela ou a mesma melodia, melhorando, aperfeiçoando sempre, incansavelmente. Esses dois Raios ímpares é que sustentam e dirigem, na verdade, o artista.

Os indivíduos de 4º Raio não lidam bem com dinheiro ou propriedades. São caprichosos, alteram estados de humor, passando do bom humor à quietude ou mau humor em questão de horas. São indivíduos introvertidos, ao passo que os de 3º e 7º Raios são extrovertidos, comunicativos ou agitados. Se um 3º Raio for modificado negativamente por um 1º Raio, pode se tornar impulsivo e impaciente, enquanto que o 1º Raio ao atuar negativamente em uma personalidade de 4º Raio o fará afundar mais rapidamente na depressão com ideias de suicídio. Por isso, sempre um 4º Raio precisa ser modificado para ter ação; esse indivíduo deve trabalhar características positivas dos 1º e 7º Raios em conjunto. O 7º Raio é conciliador, pacífico e dificilmente o 1º Raio o modificará de forma muito negativa.

O indivíduo de 4º Raio ama a arte e os prazeres corporais e gastronômicos.

O texto de Camila Sampaio sobre depressão pode ser associado às dificuldades do 4º Raio. Este texto revela a essência dessa doença que atinge muitas personalidades de 4º Raio ou outras personalidades de outros Raios, mas que em determinadas épocas são atingidas pelo desequilíbrio de um 4º sub-Raio.

> "No mito, Deméter (ceres), deusa da agricultura e da colheita, descobre que sua filha Perséfone foi levada para o Inferno, para ser esposa de Hades. Para que sua tristeza de mãe fosse amenizada, é feito um acordo. Perséfone passará seis meses com ela no Olimpo e seis meses com seu marido no submundo. (...) A tristeza e o desespero de Deméter são o símbolo mético para a depressão.
>
> Algumas depressões são esporádicas como a de Deméter, sazonais. Outras são tão profundas que levam anos para ceder. (...) A alma se recolhe e mergulha num abismo de tristeza e dor (...)."

O indivíduo de 4º Raio, assim como o de 7º, gosta da Arte e do Belo, mas enquanto a personalidade de 7º Raio tem o misticismo, a energia e os exercícios físicos que os ligam à vida física, aos de 4º Raio falta energia. Em fases depressivas essas pessoas sentem saudades de outros lugares, que muitas vezes nem conheceram. O sentimento de perda é quase sempre desproporcional à realidade física.

Muitos indivíduos com personalidade de 4º Raio são proteladores típicos. Reclamam do emprego, mas não conseguem energia para procurar outro melhor. Muitas vezes mantêm relacionamentos desgastados. Evitam o confronto com outras pessoas, deixam a dieta para a próxima semana, ficam doentes quando há um exame ou trabalho mais complexo a ser feito.

Para ajudar esses indivíduos há algumas sugestões:

1. Agende sua semana.
2. Estabeleça prioridades.
3. Liste todas as tarefas que você está adiando e se programe para executá-las.
4. Faça exercícios ao ar livre.
5. Exercite sua criatividade.
6. Examine sua vida: você está em um bom relacionamento afetivo? Tem o emprego que merece?
7. Faça uma lista do que você quer ver mudado em sua vida.
8. Comece as mudanças agora.

Aspectos positivos do 4º Raio

Generosidade/ Coragem/ Devoção/ Simpatia/ Decisão/ Senso de humor/ Desejo de harmonia/ Amor à arte/ Amor à Natureza/ Amor à harmonia e à paz/ Imaginação criativa/ Beleza/ Equilíbrio/ Senso estético/ Afeições duradouras/ Percepção intuitiva/ Tolerância/ Criatividade.

Aspectos negativos do 4º Raio

Falta de discernimento/ Egocentrismo (como no 7º Raio)/ Preguiça (a preguiça do 4º Raio é generalizada; a do 3º Raio é focada em aversão a trabalhos braçais)/ Extravagância/ Sensualidade exagerada/ Sensibilidade exagerada/ Dificuldade em aceitar a intuição, que fica encoberta pelos conflitos/ Incapacidade de fazer sacrifícios/ Caprichos/ Crises constantes/ Indolência/ Vícios/ Depressão/ Lutas internas/ Instabilidade/ Vacilação/ Dificuldade para lidar com o dinheiro/

Comodismo/ Padrões alimentares compulsivos/ Vive em um mundo de fantasia/ Paixões fortes e transitórias/ Mudanças de humor/ Atitude superficial em relação à vida (como no 7º Raio)/ Preconceitos/ Dificuldade em tomar decisões (como no 6º Raio)/ Procrastinação.

Os sete defeitos principais do 4º Raio

Egocentrismo/ Preguiça/ Desordem/ Fuga da realidade/ Procrastinação/ Indecisão/ Vícios.

Defeitos secundários do 4º Raio

Extravagância/ Volubilidade/ Incapacidade de fazer esforços/ Caprichos/ Sensualidade como norte da vida/ Dificuldade em ficar só/ Incapacidade de síntese.

Virtudes a desenvolver

Serenidade (2º Raio)/ Confiança (1º Raio)/ Pureza/ Equilíbrio moral/ Criatividade/ Autocontrole/ Objetividade/ Altruísmo (2º e 6º Raios)/ Bom senso/ Assertividade (1º e 5º Raios).

Alice Bailey fala sobre as dificuldades e as lutas internas das personalidades de 4º Raio: "Este tem sido chamado de 'Raio da luta', pois, neste Raio as generalidades de *rajas* (atividade) e *tamas* (inércia) estão estranhamente em igualdade de proporção, o que faz a natureza do homem do 4º Raio ser rompida com seu combate, e o fruto, quando satisfatório, é chamado de 'nascimento do Hórus', do Cristo, nascido dos espasmos da constante dor e sofrimento. Tamas induz a amar o lazer e o prazer, um ódio de causar dor, chegando à covardia moral, indolência, procrastinação (...). Rajas é ardente, impaciente, sempre apressado na ação. Essas forças contrastantes na natureza, fazem da vida uma guerra perpétua e sem descanso para o homem do 4º Raio".

Virtudes a obter

Ordem/ Objetividade/ Persistência/ Quando você controla seus desejos, ninguém controla você.

Profissões do 4º Raio

Orador/ Ator/ Pintor/ Escultor/ Ceramista/ Cantor/ Músico/ Artista de modo geral/ Arquiteto.

Qualidades do 4º Raio

Para Alice Bailey, as qualidades básicas do 4º Raio são:
Poder para penetrar as profundezas da matéria/ O aspecto dual do desejo/ Poder para revelar o caminho/ Poder para expressar a Divindade/ A Harmonia das Esferas/ A síntese da verdadeira beleza.

TIPOS DE 4º RAIO

Tipo inferior

Personalidades que apresentam o tipo inferior desse Raio têm pouco senso moral, denotam falta de equilíbrio emocional e são dependentes de drogas e estímulos externos para viver.

> "Nos tipos menos evoluídos há uma luta confusa e sem finalidade, desordem e caos interior, combatividade, atração para o mundo físico, sensualidade, pouco senso moral, falta de equilíbrio interior. Nele prevalece o ímpeto para o mundo material, e assim deixa-se aprisionar."
>
> *(Sala Batà)*

Tipo médio

Nesse tipo há muita angústia e incerteza, os indivíduos são apegados ao passado, tentam controlar seus desejos e paixões. São também espiritualistas e vivem em eterno conflito. Alternam períodos de intensa atividade com outros de preguiça. O senso estético é forte; amam o belo e a Natureza.

Tipo superior

"Vejamos agora o tipo evoluído, no qual começa a manifestar-se a luz da Alma. Sente-se isolado e diferente. O homem do 4º Raio compreende, por fim, que, para alcançar a paz que tanto deseja, não deve permanecer no centro, onde se firmou, mas subir para um ponto mais alto, do qual poderá ver os dois mundos como um todo único, como dois aspectos de uma realidade espiritual. Essa visão dará capacidade para saber fundir os dois opostos, para harmonizá-los em sua consciência como unidade superior que os compreende a ambos. Assim, encontrará a Paz, finalmente."

(Sala Batà)

No tipo superior o espiritualismo supera o materialismo, compreende os dois mundos e o ser humano mergulhado em vícios e dores.

AJUDANDO PERSONALIDADES DE 4º RAIO

- A personalidade de 4º Raio pode ser ajudada pelos aspectos positivos tanto dos Raios pares como dos ímpares.
- A organização e a disciplina do 7º Raio, bem como a coragem e a responsabilidade do 1º Raio, são extremamente úteis para os aspectos negativos do 4º Raio.

> Sensibilidade é a chave para o 4º Raio

DIFICULDADES DO 4º RAIO

As maiores dificuldades da personalidade de 4º Raio são as alterações de humor, indecisões e as lutas internas para vencer os conflitos. Nos Raios pares, todos os corpos do indivíduo ficam sem energia e alegria de viver.

A personalidade de 4º Raio deve vencer a indecisão e a procrastinação.

ILUSÕES DO 4º RAIO

Deslumbramento da harmonia dirigida ao conforto e à satisfação pessoal/ Percepção artística.

AFIRMAÇÕES POSITIVAS PARA REEQUILIBRAR OS ASPECTOS NEGATIVOS DO 4º RAIO

– EU SOU Aqui e Agora!
– EU SOU a Ordem e a Organização atuando em meu mundo!
– EU SOU minha Criatividade e ela é autossustentada!
– EU SOU o Equilíbrio dos meus corpos inferiores!
– EU SOU Energia! EU SOU Ação!
– EU SOU a Praticidade atuando em minha vida hoje e sempre!
– EU SOU a Presença! EU SOU atuando em meus corpos inferiores!
– EU SOU a única Presença que atua em minha vida, meus negócios, meu lar e meu mundo!
Está Decretado!

DESEQUILÍBRIO DO 4º RAIO E OS FLORAIS MINEIROS

- Inclusão do 1º Raio na Oitava Superior – *Sempervivum*
- Inclusão do 2º Raio na Oitava Superior – *Tabebuia* ou *Origanum*
- Inclusão do 4º Raio na Oitava Superior – *Piperita*, *Lacrima* ou *Eucalyptus*
- Inclusão do 5º Raio na Oitava Superior – *Madressilva*
- Inclusão do 6º Raio na Oitava Superior – *Silene*

Centro de Energia (Chacra) do 4º Raio: Centro Sacro.
Pedra do 4º Raio: Jaspe branco transparente.
Animal associado ao 4º Raio: Gato.

COMO INCLUIR ENERGIA DE 4º RAIO EM SUA VIDA

- Treinar sua criatividade.
- Contemplar a Natureza.
- Incluir aspectos positivos do 6º Raio.

EXPRESSÃO POSITIVA E NEGATIVA

Positiva: Arte – Arquitetura.
Negativa: Valorização da matéria em detrimento da espiritualidade. Supervalorização das paixões.

RESUMO DO 4º RAIO

Harmonia a Partir do Conflito – Cor: Branco; branco transparente ou branco com prata. É o Raio que atua sobre a adolescência. O indivíduo que tem uma personalidade de 4º Raio deve equilibrar seu corpo emocional com auxílio da Arte.

A Arte é um meio de expressão que ajuda indivíduos de todos os Raios, mas é fator de cura para as personalidades de 4º Raio.

4º RAIO

Descobrindo o Raio da Personalidade

1. Você tem longos períodos de indecisão?
2. Sente-se confuso(a) e não realizado(a) em algumas áreas de sua vida?
3. Sente-se incapaz de realizar seus sonhos?
4. A natureza é fundamental para o seu equilíbrio?
5. Alterna seu humor em poucas horas?
6. Gosta de Arte?
7. Você se considera uma pessoa intuitiva?
8. Consegue sempre soluções criativas para seus problemas?
9. Sabe exatamente o que quer para sua vida? É capaz de tornar isso possível? (4º Raio quase nunca sabe o que quer e, quando sabe, não se sente capaz dessa realização).
   Raios pares respondem não.
   Nesta questão: Raios ímpares respondem sim.

Faça uma lista das características positivas e outra das negativas que acredita possuir. Separe as características do 4º Raio.

REFLETIR

"Orientação
Os planetas orbitam em torno do Sol.
As formas orbitam em torno da mente."

(Deng Ming-Dao, Tao Meditações Diárias, *Ed. Martins Fontes, p. 31)*

6
5º RAIO
QUINTO ASPECTO DA DIVINDADE: CONHECIMENTO CONCRETO

"Alma que nunca contemplou a verdade não pode tomar a forma humana."

(Platão, Diálogos, *Fedro)*

"O Quinto Propósito da Divindade. Conhecimento Concreto, Ciência, Verdade, Cura. O Revelador da Verdade. O Intermediário Divino. O Cristalizador das Formas. A Nuvem sobre o Topo da Montanha. A Espada Divisora. O Quinto Grande Juiz. A Porta para a Mente de Deus. A Energia Iniciática. O Dispensador do Conhecimento. O Mantenedor do Segredo. O Amado do Logos. O Mestre dos Hierofantes. O Anjo com a Espada Flamejante."

(Alice A. Bailey)

CARACTERÍSTICAS DO 5º RAIO

"A Metafísica da verdade deve ser captada não apenas corretamente, mas também reverentemente."

(Paul Brunton)

O indivíduo com personalidade de 5º Raio tem mente científica. Esse Raio também recebe o nome de Ciência Concreta.

É a mente prática do pesquisador, que procura respostas, que observa e estabelece relações entre os fenômenos, é a mente do analista, do psiquiatra, do engenheiro, do físico, do médico, do psicólogo; mas principalmente é a mente do analista espiritual, aquele que busca respostas e questiona o que está estabelecido como verdade.

> "É um portador de luz. Ele responde à luz do Logos e, por intermédio de seu contato com planos superiores, age como um iluminador para os outros aspectos do eu inferior."
>
> *(David V. Tansley descrevendo o 5º Raio em* As Trajetórias dos Raios e os Portais dos Chakras, *p. 78)*

Existe uma enorme força nas personalidades de 5º Raio, dirigida para a busca de conhecimento e, à primeira vista, isso dificulta diagnósticá-lo, pois essas personalidades são semelhantes nesse ponto aos indivíduos de 3º Raio. Em análise mais detalhada, fica claro que o 5º Raio não busca apenas aprender como o 3º, mas apreender, em uma profundidade incrível, todos os assuntos que lhe interessam. A personalidade de 3º Raio gosta de conhecer muitos assuntos ao mesmo tempo, sem aprofundar-se em algum tema específico.

É sempre por meio da análise que o indivíduo de 5º Raio chega à vida espiritual e, quando a encontra, torna-se um "religioso" (no sentido de se religar à espiritualidade) com questionamentos sensatos, equilíbrio e força de vontade dirigida a essa busca. Poderíamos dizer que o 5º Raio sai da Sephira Hod e se dirige à sexta Sephira, Tiphareth, Consciência Crística, em um caminho extremamente difícil e lógico. O aspecto superior do 5º Raio acaba somando a lógica com a intuição. No tipo inferior desse Raio o indivíduo não aceita a existência de Deus.

Uma personalidade de 5º Raio, por exemplo, com uma Alma de 2º Raio, usará o conhecimento do 5º Raio com o amor do 2º Raio. O 5º Raio é praticidade, verdade, ciência, cura, busca de conhecimento; então todas essas características serão comandadas pelo Raio de Amor-Sabedoria, porque a personalidade é um sub-Raio da Alma. A busca do conhecimento será expandida pela força de expansão e de inclusão do 2º Raio; este indivíduo terá múltiplos interesses e cada área será estudada com profundidade e pesquisa; cada assunto levará em conta o ser humano e suas complexidades.

Esse indivíduo não será frio, mostrará imparcialidade, certa reclusão, mas será afetivo e generoso.

A psicologia clínica é um treino para que indivíduos de 5º Raio transformem suas personalidades em 2º Raio. Na prática da psicoterapia, é impossível que o Raio da Ciência Concreta não se torne mais abrangente, aceitador e inclusivo. O que antes era lógica pura, análise e síntese, passa a ser amor incondicional.

Para G. Hudson, a religião egípcia foi uma expressão de 5º Raio. Eu a percebo como tendo sido de 7º Raio (com seus inúmeros rituais).

Apesar de ser classificado como um Raio extrovertido, que focaliza a atenção nos fatos, sua capacidade de análise confunde um pouco o estudante; porque um indivíduo desse Raio não somente é capaz de analisar ações como também sentimentos.

Muitos indivíduos de 5º Raio tornam-se materialistas, apegados à forma, a condições externas; a não ser que sejam modificados pelos Raios pares.

O indivíduo com temperamento de 5º Raio geralmente não tem religião ou sentimentos religiosos, a não ser quando modificado pelo 2º, 6º ou 7º Raio.

> "Se a mente é analítica e voltada aos aspectos legais, valorizando a lógica acima de tudo; se o método científico de pensar exerce forte apelo e o estabelecimento de fator irrefutáveis é um impulso motor; se mapas e diagramas são utilizados no estudo e no ensino; se a mente analítica é empregada interminavelmente na comprovação e na busca do fato derradeiro; se as fraquezas do egoísmo, a crítica excessiva aos outros (...) o materialismo (...) então se trata da manifestação de qualidades de 5º Raio."
>
> *(Geoffrey Hodson*, O Homem e Seus Sete Temperamentos, *Ed. Pensamento, p. 75)*

Segundo A. Bailey, o 5º Raio, chamado Plano da Mente, revela aspectos tríplices da mente:
a) Mente abstrata ou superior, a corporificação de uma tríade superior.
b) Mente concreta ou inferior, o aspecto superior ou inferior.
c) O Ego ou Anjo Solar, o puro Filho da Mente, que expressa inteligência, tanto abstrata quanto concretamente, sendo o ponto de unificação.

David V. Tansley estabelece as seguintes relações entre os 2º e 5º Raios:
1. Entre amor e mente;
2. Entre o 2º Plano (o monádico) e o 5º Plano (mental);
3. Entre o sistema solar do 2º Raio e a nossa 5ª raça-raiz.

Indivíduos de 1º e 5º Raios são viciados em trabalho. Os de 3º Raio também trabalham sem respeitar horários e limites do corpo.

Segundo A. Bailey:

- O 5º Raio atua no Plano mental.
- O Intelecto está ligado ao 5º Raio.

Aspectos positivos do 5º Raio

Mente analítica/ Exatidão/ Ordem/ Mente científica/ Persistência/ Perseverança (assim como 1º e 7º Raios)/ Firmeza de convicções/ Honestidade/ Coerência/ Busca do conhecimento/ Assume suas opiniões mesmo em condições adversas/ Capacidade de atenção e concentração prolongadas/ Imaginação prática (diferente do mundo dos sonhos do 4º Raio)/ Senso de justiça e independência/ Valorização do silêncio/ Bom senso/ Coragem/ Independência/ Rapidez de intelecto/ Amor à verdade/ Cura/ Praticidade/ Mente investigativa/ Colocações acuradas.

Aspectos negativos do 5º Raio

"O defeito principal é a tendência à cristalização mental, à imersão no mundo da matéria, mas isso é contrabalançado pela sinceridade dos propósitos e pela profunda sede de conhecimentos."

(Sala Batà)

Frieza emocional/ Insensibilidade aos sofrimentos alheios/ Rancor/ Isolamento/ Crítica destrutiva (diferentemente do 3º Raio, que de modo geral incomoda, mas não fere)/ Espírito crítico (como todos os Raios ímpares, com exceção do 7º)/ Rigidez/ Tendência a perceber e acentuar as falhas alheias/ Intolerância/ Materialismo/ Falta de intuição/ Ceticismo/ Considera os outros instrumentos de conhecimento/ Incompreensão/ Dificuldade com inspiração e intuição no sentido religioso/ Ostenta cultura que às vezes não possui/ Orgulho/ Egocentrismo/ Egoísmo/ Às vezes pedante (se aliado ao 7º Raio – negativamente)/ Desprezo pela arte/ Dificuldade em expressar sentimentos/ Falta de compaixão/ Arrogância (como no 1º Raio)/ Grosseria (como no 1º Raio)/ Preconceito/ Dificuldade em perdoar (como no 1º Raio)/ Falta de solidariedade e reverência. Às vezes parece com 3º Raio ou 1º Raio em muitos dos seus defeitos.

Os sete defeitos principais do 5º Raio

Falta de Compaixão/ Egoísmo/ Insensibilidade com o sofrimento alheio/ Materialismo/ Considerar o outro instrumento do conhecimento/ Ver apenas os aspectos inferiores da natureza humana.

Defeitos secundários do 5º Raio

Crítica/ Palavras duras/ Fechamento para as ciências do espírito/ Falta de visão do conjunto/ Orgulho/ Dificuldade para aceitar a intuição/ Preconceito com as dificuldades mentais do outro.

Virtudes a desenvolver

Intuição/ Amor (2º Raio)/ Compreensão/ Simpatia/ Ternura/ Capacidade de síntese/ Devoção (6º Raio)/ Amplitude mental (1º e 3º Raios)/ Solidariedade/ Aceitação/ Humildade/ Empatia/ Reverência (2º e 6º Raios).

Virtudes a obter

Aceitação de formas de conhecimento não comprovadas pela ciência/ Compaixão/ Intuição.

Profissões do 5º Raio

Inventor/ Cientista/ Matemático/ Historiador/ Detetive/ Físico/ Metafísico/ Ocultista/ Biólogo/ Pesquisador/ Médico/ Químico/ Engenheiro/ Psicólogo/ Astrônomo.

Quando o 5º revela do 2º Raio

Ciência/ Educação/ Medicina/ Filosofia/ Psicologia/ Metafísica.

Qualidades do 5º Raio para Alice Bailey

Poder para fazer a voz do silêncio ser ouvida; Purificação com o Fogo; Manifestação da Grande Luz Branca.

TIPOS DE 5º RAIO

"A um certo ponto do Caminho de sua busca, o homem do 5º Raio chega a erguer o último véu que esconde a realidade (...)."

(Sala Batà)

Tipo inferior

O tipo inferior deste Raio tende a ser severo, crítico (muitas vezes lembrando um indivíduo de 3º Raio, mas extremamente mais rígido). Será um indivíduo arrogante, fechado para a intuição ou problemas sociais, preocupado apenas com problemas pessoais e extremamente materialista. Esse tipo de personalidade revela quase sempre um ser revoltado com as limitações humanas, doenças e a finitude. Esse indivíduo não é um bom ouvinte, nem um bom entendedor dos problemas alheios.

Não aceita Deus e O confunde com religião. Não busca espiritualizar-se porque não acredita que algo de si possa sobreviver à morte.

O tipo inferior tem dificuldade em entender os sentimentos alheios, despreza os indivíduos sonhadores ou sensitivos, não tem religião e tem ideias preconcebidas sobre esse tema. Nega-se a perceber o que lhe é mostrado, fechando-se e perdendo sua lógica. É teimoso, não valoriza as artes, é pessimista, frio e tem dificuldade em sentir alegria. Às vezes, é cansativo porque é muito limitado em pequenas coisas (principalmente se é modificado por um sub-Raio do 7º Raio).

Esses indivíduos são materialistas e ignoram completamente as leis espirituais, porque necessitam de comprovações, de testes para estabelecer teorias e lidam com as teorias espiritualistas da mesma forma que as questões da matéria.

Tipo médio

"(...) a honestidade inata e a profunda retidão dos indivíduos desse Raio são de grande ajuda para favorecer o equilíbrio de sua natureza, desde que eles percebam que seus lados negativos são nocivos aos outros..."

(Sala Batà)

Quando o 5º Raio é espiritualista, o indivíduo busca o mistério da vida, é honesto, verdadeiro e corajoso nessa busca. Dedica sua existência para isso, em um esforço incansável como nos indivíduos de 1º Raio, quando estão se espiritualizando.

O tipo médio é organizado, materialista, mas admite analisar questões espirituais; vê beleza nas artes e é mais sensível que o tipo inferior. Nesse tipo, a sede de conhecimento já começa a se instalar e ele quer "provas" do mundo espiritual.

Tipo superior

"É um portador de luz. Ele responde à luz do Logos e, por meio de seu contato com planos superiores, age como um iluminador para os outros aspectos do eu inferior".

(David V.Tansley descrevendo o 5º Raio em As Trajetórias dos Raios e os Portais dos Chakras, *p. 78).*

O tipo superior revela o pesquisador, o cientista e o curador, aquele que superou os aspectos negativos e se abriu para o conhecimento espiritual. Sua capacidade de observação, de análise e dedicação ao estudo impedem o fanatismo. Ele busca respostas e, por isso, dedica-se a vida toda com paciência e perseverança.

O tipo superior é definido como o "cientista iluminado"; nele há mais aspectos positivos do que negativos; dirige sua sede de conhecimento também para o mundo espiritual e doa à humanidade suas descobertas; é capaz de usar a mente intelectual com a mente superior, sempre conectada com o plano maior."

AJUDANDO PERSONALIDADES DE 5º RAIO

"(...) dissemos que o 5º Raio é extrovertido quando a sua atenção está focalizada no mundo externo e alcança a descoberta da verdade com auxílio do estudo e da análise das formas."

(Sala Batà)

- As qualidades de 2º Raio completam as do 5º Raio, tornando-o mais sensível, aberto e amoroso.

- As personalidades de 5º Raio, assim com as de 3º, usam a lógica para perceber seus erros.
- Podem se tornar imensamente criativos e inventivos quando elevam sua autoestima.
- Seus aspectos negativos devem ser conscientizados, ao mesmo tempo que qualidades de Raios pares devem ser adquiridas.

> Verdade é a chave para o 5º Raio

DIFICULDADE DO 5º RAIO

Deve vencer a frieza.

ILUSÕES DO 5º RAIO

Deslumbramento do materialismo/ Deslumbramento do conhecimento/ Deslumbramento do intelecto/ Fazer da ciência seu deus pessoal.

AFIRMAÇÕES POSITIVAS PARA REEQUILIBRAR OS ASPECTOS NEGATIVOS DO 5º RAIO

– EU SOU a Busca do Conhecimento!
– EU SOU Luz!
– EU SOU a Cura dos meus corpos inferiores!
– EU SOU a Aceitação daquilo que não pode ser mudado!
– EU SOU a Aceitação da minha vida espiritual! Eu estou aberto às bênçãos do Universo!
– EU SOU o Amor Divino estendendo-se para todos os seres vivos! Eu expando, expando, expando esse Amor e ele abrange todo o Universo!
Está Decretado!

DESEQUILÍBRIO DO 5º RAIO E OS FLORAIS MINEIROS

- Inclusão do 1º Raio na Oitava Superior – *Taraxacum*

- Inclusão do 2º Raio na Oitava Superior – *Orellana*
- Inclusão do 6º Raio na Oitava Superior – *Tropaeolum*

Centro de Energia (Chacra) do 5º Raio: Ajna.
Pedra do 5º Raio: Topázio e Esmeralda.
Animal associado ao 5º Raio: não há.

COMO INCLUIR ENERGIA DE 5º RAIO EM SUA VIDA

Sendo mais analítico, mais racional, mais profundo em suas reflexões. É bom incluir aspectos positivos do 2º Raio.

EXPRESSÃO POSITIVA E NEGATIVA

Positiva: Ciência – busca do conhecimento
Negativa: A ciência como um deus.

RESUMO DO 5º RAIO

Conhecimento concreto. Cura – Cor: Verde
Mente concreta / Aversão a rituais/ Capacidade de cura.

"... dissemos que o 5º Raio é extrovertido quando toda a sua atenção está focalizada no mundo externo e alcança a descoberta da verdade com auxílio do estudo e da análise das formas."

(Sala Batà)

5º RAIO

Descobrindo o Raio da Personalidade

1. As pessoas acham que você é racional demais?
2. Você gosta de momentos de isolamento?
3. É observador?
4. Gosta de pesquisar?
5. Gosta de estudar um assunto profundamente?
6. É capaz de analisar uma situação sem se envolver?
7. Acha que para tudo há uma explicação lógica?

8. Está empenhado(a) em ser verdadeiro(a)?
9. Consegue manter-se controlado(a) mesmo diante de grandes pressões?
10. Gosta de saber como as máquinas funcionam?
11. Gosta de saber como as pessoas funcionam?
12. Você se sente uma pessoa coerente?
13. Consegue ver o todo sem perder os detalhes?
14. É capaz de fazer planejamentos?
15. Tem visão de curto e longo prazo?
16. Sua conduta é ética?
17. Sente-se compromissado com a verdade?
18. É uma pessoa aberta? Admite mudanças?
19. Consegue ter uma visão objetiva de si mesmo?

Faça uma lista das características positivas e outra das negativas que acredita possuir e verifique quais pertencem a esse Raio.

REFLETIR

"Clareza
Você consegue ver um som?
Consegue ouvir a luz?
Consegue unir seus sentidos?
Consegue voltar-se para dentro?
Estamos todos em busca de clareza. (...) É uma concepção equivocada acreditar que a espiritualidade traz felicidade eterna. Não existe isso. A tristeza ainda acomete os sábios, mas, ao contrário da maioria das pessoas, sua clareza mental permite que enxerguem além do emocionalismo momentâneo. Eles enxergam longe e, portanto, a felicidade e a dor são a mesma coisa para eles."

(Deng Mind, Dao, Tao Meditações Diárias,
Ed. Martins Fontes, p. 205)

7

6º RAIO

SEXTO ASPECTO DA DIVINDADE: DEVOÇÃO OU IDEALISMO

"O Homem é essencialmente devotado (até o ponto do fanatismo) ao que quer que possa ser o objetivo de sua atenção na vida."

"O Sexto Propósito da Divindade: Devoção ou Idealismo. O Negador do Desejo. O Visionário da Realidade. O Devoto da Vida, O Portador da Espada do Logos. O Crucificador e o Crucificado. O Quebrador de Pedras. Aquele que Conduz os 12."

(Alice A. Bailey)

CARACTERÍSTICAS DO 6º RAIO

O místico, o devoto, o mártir, o evangelizador, o missionário, o reformador.
    O indivíduo de 6º Raio tem um profundo desejo de crescer espiritualmente e acredita que essa evolução espiritual está fora dele, está na dedicação ao objeto adorado, seja uma religião, uma seita, uma confraria, uma filosofia de vida ou uma pessoa.

Esse é o Raio dos seres místicos, dos que procuram a santidade, vida simples, são dedicados às suas profissões e idealistas em todas as áreas de suas vidas. Os filhos desse Raio lutam muito contra seus desejos inferiores e contra qualquer coisa que interfira em sua evolução; por isso é chamado muitas vezes de: "O Negador do Desejo".

A personalidade de 6º Raio está sempre à procura de um mestre, mistifica pessoas comuns, encanta-se com qualquer filosofia antes mesmo de conhecê-la profundamente. Sente essa necessidade de idolatrar uma pessoa, uma religião ou uma filosofia, porque dentro de si há uma fonte de energia e dedicação que deve ser direcionada a algo ou alguém.

Às vezes um indivíduo de 6º Raio confunde essa energia e a dirige ao seu cônjuge, e essa energia torna-se ciumenta, possessiva; ou ele a dirige a uma religião com tal intensidade que o torna fanático.

Para os seres de outros Raios, esse indivíduo será uma pessoa de visão estreita, capaz de injustiça com pessoas que não aceitam seu ponto de vista. As energias negativas do 6º Raio, unidas à força do 1º, já fizeram muitas mortes em nome de religiões. Na verdade, esse indivíduo procura elevar-se para Deus e, para isso, sente necessidade de um modelo idealizado. No plano físico, isso geralmente se revela de um modo mais deturpado, que dá a esse indivíduo a necessidade de ídolos, para onde ele converge sua energia.

Geralmente, quando um indivíduo de 6º Raio percebe que seu ídolo tem os pés de barro, ele sofre muito com a decepção, mas se sua personalidade não tiver um sub-Raio ímpar para ajudá-lo, ele logo acha outro ídolo para colocar no lugar do antigo. O 6º Raio, ao contrário do 2º, é possessivo e separatista nos seus defeitos, levando nações inteiras a lutar por ideais religiosos. O 2º Raio, por sua vez, cobre todas as coisas com seu manto de amor. É inclusivo, não há sentimentos patriotas maiores que os sentimentos de amor ao planeta.

Algumas características do 6º Raio são semelhantes às do 2º, mas enquanto o amor de 2º Raio é inclusivo, incondicional, o amor do 6º Raio é mais devoção; o objeto desse amor é sempre mais sublime, elevado ou perfeito do que o próprio indivíduo que emana essa devoção.

Esse é um Raio complexo porque está presente no fanático e no santo, no filósofo, no místico ou no indivíduo sem cultura, de vida simples e jeito de ser muito tranquilo; esse também é o Raio dos conquistadores, dos déspotas e dos heróis, quando aliado ao 1º Raio.

Os sentimentos nobres de um indivíduo de 6º Raio podem se transformar em imposições dessas crenças aos outros. Sua natureza pode ser calma, mas, se o indivíduo não estiver evoluído, ele terá momentos de cólera e violência. Apesar da religiosidade, esse indivíduo está sempre pronto a ignorar o ser humano que está ao seu lado, se ele não comungar os mesmos ideais.

Às vezes, a sensibilidade e encantamento de uma personalidade de 6º Raio com as artes fazem-no assemelhar-se ao 4º Raio: mas toda sua energia está voltada para servir e, portanto, só será um artista se um sub-4º Raio modificar mais intensamente o 6º. Provavelmente se dedicará à arte sacra.

Nos indivíduos de 6º Raio o amor e dedicação aos animais diferem do amor dos seres de 2º Raio. A personalidade de 2º Raio percebe os animais como seres em evolução e ora por eles, como fazia São Francisco de Assis. As personalidades de 6º Raio confundem sua necessidade de devoção com a devoção a um animal e o tornam o "filho perfeito", aquele que nunca cresce (e por isso necessita de cuidados especiais), que nunca questiona, que devolve o amor recebido com fidelidade e constância, enquanto os filhos humanos crescem, batem portas e um dia vão embora. Esse tipo de amor é prejudicial ao animal, que fica travestido de humano, com aspectos negativos da personalidade do dono, como ciúme, orgulho e vaidade.

O indivíduo que tem sua personalidade regida pelo 6º Raio é um idealista. Nesse Raio os sentimentos de amor e dedicação são bem evidentes. É o Raio daquelas pessoas que se dedicam a uma causa ou a um ser, focando neles o que deveria "estar dentro" do próprio indivíduo. Quando essas pessoas têm uma determinada religião, elas acreditam que todos deveriam segui-la; e quando mudam de religião, tudo o que aprenderam não serve mais, a nova religião é a correta e tentam fazer novos seguidores.

Mestre Jesus foi um ser de 6º Raio puro. No Seu sacrifício, tornou-se um ser de 2º Raio, que não necessitou mais reencarnar neste planeta. Todos os seres que atingem essa maestria não têm mais nenhum Carma que os prenda à Terra e, consequentemente, à Roda das Encarnações.

As personalidades de 6º Raio carregam culpas imensas, são severas consigo mesmas, mas indulgentes com os outros. Essa indulgência geralmente se torna falta de limites e essas pessoas sofrem por não saber dizer não.

Quando o 6º Raio está associado ao 1º, muda seu aspecto externo, como o uso do poder e da autoridade, mas, internamente, o indivíduo sofre com as falhas humanas, principalmente as suas. É extremamente influenciado pelas expectativas e opiniões dos outros. Sente-se injustiçado, martirizado, ou segue cegamente uma filosofia ou religião. Sala Batà diz que o amor de 2º Raio é "horizontal", quando se refere ao amor inclusivo desse Raio, enquanto o amor de 6º Raio é "vertical", todo dirigido para o alto, crescendo a partir da identificação e da devoção.

As características negativas devem ser mostradas quando o 1º Raio não estiver em um dos seus corpos, ou como um sub-Raio da personalidade. Os aspectos positivos do 5º Raio devem ser exaltados ou inseridos.

Os indivíduos fanáticos desse Raio, quando procuram ajuda (o que é raro), devem ser tratados com atenção especial. De modo geral, deve-se converter as características negativas do Raio nas positivas dele mesmo, e só depois acontece a incluisão dos aspectos dos Raios ímpares.

Personalidades de 6º Raio acabam encontrando certa alegria e muita paz quando vivem até a velhice. Adquirem uma sabedoria interna que, para os indivíduos de outros Raios, parece um presente e não uma conquista.

O mediunismo é uma característica do 6º Raio.

"A Energia do 6º Raio constrói e ao mesmo tempo destrói. Somos construídos como verdadeiros devotos de veneração, a fim de que em nós possa atuar a real essência de cada um deles, e não a sua aparência."

(Trigueirinho, A Energia dos Raios em Nossa Vida, *Ed. Pensamento, p. 129)*

Quando finalmente o indivíduo de 6º Raio consegue encontrar seu Deus interno, seu Eu Maior, torna-se uma pessoa calma e iluminada, que serve de exemplo para outros seres humanos.

Esse é também o Raio da Maternidade. A devoção do 6º Raio é a da mãe que esquece de si mesma para cuidar do filho doente. A energia desse Raio é a do SERVIÇO, energia tão importante ao nosso planeta; aquela em que existe no trabalho sem troca de dinheiro, posição social ou favores.

As personalidades de 6º Raio não têm dificuldade com a tarefa de crescer pela disciplina. Essa energia flui na dedicação a uma pessoa ou a um ideal. Geralmente, pessoas 6º Raio preferem uma vida simples e se sentem envergonhadas quando estão rodeadas de coisas supérfluas. Elas têm uma aguda consciência do esforço de cada artesão ou operário para fabricar coisas que o consumismo não valoriza.

No sacrifício pelos seu ideais, o indivíduo de 6º Raio pode dispensar amigos, hábitos ou estilos de vida que não condizem com sua evolução. Ao optar por uma vida simples e deixar o supérfluo, ele vai ao encontro do seu propósito de evolução e, nessa medida, enriquece sua alma com tesouros de sabedoria.

"Dessa simplicidade surge um sentimento de amor profundo e amplo pela vida em geral e, depois, em outro estágio, pela pura essência da vida. Esse sentimento não é mais canalizado para ninguém especificamente, para nenhum deus especial, para nenhum ser que tenha o privilégio de cair nas nossas graças humanas. Esse sentimento torna-se generalizado, o que significa que aumentará infinitamente e se dirigirá a todos os seres."

(Trigueirinho, A Energia dos Raios em Nossa Vida, Ed. Pensamento, p. 122).

A saída do 6º Raio

"A influência do 6º Raio serviu para atrair as mentes dos homens para um ideal como, por exemplo, o serviço ou o sacrifício individual, tendo sido a visão mística o apogeu desse período, que viu aparecerem numerosos guias místicos no Ocidente e no Oriente.
A influência do 7º Raio produzirá, a seu tempo, o mago. Nessa época, porém, o mago atuará preponderantemente no campo da magia branca (enquanto que nos dias da Atlântida predominou a magia egoísta ou negra). O mago branco trabalha com as forças da natureza e as devolve ao controle da humanidade avançada. A realização desse fato já pode ser observada pela atividade dos cientistas que têm surgido desde o fim do século XIX e durante o século XX. É igualmente verdade que grande parte do seu trabalho mágico tem sido orientada para canais egoístas, por conta da tendência desta época materialista, e que muitas de suas descobertas sábias e legítimas no domínio da energia são hoje adaptadas para servir ao ódio e ao amor do homem a si mesmo. Isso, entretanto, de modo algum invalida suas maravilhosas realizações. Quando os objetivos forem transmutados, passando do interesse puramente científico para o amor da revelação divina e quando o serviço à raça for a força determinante, então veremos a verdadeira magia branca. (...) A mais poderosa força no mundo atual é a inofensividade. Não me refiro à não resistência, mas à atitude positiva da mente, que não pensa no mal. Aquele que não pensa no mal e não prejudica ninguém é um cidadão do mundo de Deus."

(Alice Bailey, Psicologia Esotérica*)*

Alguns exemplos da saída do 6º Raio com influência planetária e entrada no 7º Raio, segundo Bailey:
a) O 6º Raio promoveu a visão.
O 7º Raio materializará o que foi visualizado.
b) O 6º Raio produziu o místico com o seu tipo mais elevado de aspirante.
O 7º Raio desenvolverá o mago cuja atuação será no campo da magia branca.
c) O 6º Raio, como parte do plano evolutivo, conduziu à separatividade, ao nacionalismo e ao sectarismo, em virtude da natureza seletiva da mente e da sua tendência para dividir e separar.
O 7º Raio levará à fusão e à síntese, porque a sua energia é do tipo que une o espírito à matéria.
d) O 6º Raio trouxe o sentido da dualidade a uma humanidade que se considerava como unidade física.
O 7º Raio inaugurará o sentido de uma unidade superior: primeiro, a da personalidade integrada para as massas e, segundo, a da fusão da alma e do corpo para os aspirantes ao mundo.
e) O 6º Raio impulsionou o desenvolvimento do espírito do individualismo. Os grupos existem, mas de indivíduos reunidos à volta de um indivíduo.
O 7º Raio promoverá o espírito de grupo; o ritmo, os objetivos e o trabalho ritual do grupo constituirão os fenômenos básicos.
f) O 6º Raio produziu as grandes religiões idealísticas, com suas visões e suas necessárias limitações – necessárias porque salvaguardam as almas infantis.
O 7º Raio libertará as almas desenvolvidas no estágio infantil, estabelecendo a compreensão científica do propósito divino, que conduzirá à futura síntese religiosa.

Aspectos positivos do 6º Raio

"As pessoas rezam em igrejas e mesquitas e acabam fanáticas pelos seus deuses. Você pode imaginar o número de elementais monstruosos que nascem diariamente, elementais da pátria e da fé?"

(Kryacos C.Markides, Homenagem ao Sol, *Ed. Pensamento)*

Idealismo/ Espírito de sacrifício/ Lealdade/ Misticismo/ Fidelidade/ Ternura/ Amor/ Propósito/ Capacidade de sublimação/ Abnegação/ Compaixão/ Sinceridade/ Reverência/ Amor que sacrifica/ Adoração/

Simpatia intensa pelo sofrimento alheio/ Serviço desinteressado/ Intuição/ Simplicidade/ Devoção/ Desapego/ Generosidade/ Paciência/ Capacidade de Autossacrifício/ Capacidade de Perseverança.

Aspectos negativos do 6º Raio

Sectarismo/ Fanatismo/ Visão estreita/ Rigidez de suas crenças/ Parcialidade/ Preconceito/ Ciúme/ Egoísmo/ Amor egoísta e ciumento/ Deslealdade/ Explosões de raiva/ Violência/ Destrutividade/ Rancor/ Ódio/ Emoção excessiva/ Obsessão/ Encantamento/ Adoração cega (deslumbramento)/ Apegos/ Autoilusão/ Ilusão/ Conclusões rápidas demais/ Desconfiança sem motivos ou confiança exagerada nos outros/ Dependência excessiva dos outros/ Explosões emocionais/ Superstição/ Dificuldade em lidar com seus sentimentos quando se decepciona com seus ideais.

Os sete defeitos principais do 6º Raio

Fanatismo/ Ciúme/ Apego/ Visão restrita/ Cólera/ Desconfiança/ Dependência emocional.

Defeitos secundários do 6º Raio

Parcialidade/ Preconceitos/ Impulsividade/ Superstição/ Autoilusão/ Conclusões demasiadamente rápidas/ Teimosia.

Virtudes a desenvolver

Força/ Aceitação/ Equilíbrio/ Bom senso/ Amor desinteressado/ Verdade/ Mente aberta.

Virtudes a obter

Objetividade/ Capacidade de análise e síntese/ Desapego/ Gosto pela independência/ Impessoalidade/ Respeito a si mesmo.

Profissões do 6º Raio

Secretário (quando modificado pelo 7º Raio)/ Assistente Social/ Enfermagem (modificado pelo 5º ou 7º Raio)/ Sacerdote ou Pastor.

"O 6º Raio da devoção encarna o princípio da identificação. Quero dizer com isso que a capacidade de ver a realidade ideal está por trás da forma (...)."

(Alice Bailey, Psicologia Esotérica, Vol. I, p. 46)

Qualidades do 6º Raio para Alice Bailey

"Por intermédio da guerra, do trabalho, da dor e da armadilha, o propósito é alcançado."

Deseja e mata o desejo; Autoimolação; Paciência e Destemor; Desapego; Supera as águas da natureza emocional.

TIPOS DE 6º RAIO

Tipo inferior

"É interessante observar como o 6º Raio, que produziu nos seres humanos o senso de separatividade e um acentuado individualismo, preparou o caminho para o poder de organização do 7º Raio."

(Alice Bailey)

No tipo inferior desse Raio, tal energia, quando voltada para uma pessoa, pode se tornar uma energia ciumenta, possessiva ou fanática.

Sua visão estreita ou fanática, quando aliada ao 1º Raio, pode levar à crueldade e à destrutividade contra os que não apoiam sua causa. "Todas as perseguições, as mortandades, as injustiças, as imposições cruéis, foram geradas por essa energia do 6º Raio (...)." (Sala Batà)

O indivíduo de temperamento deste Raio, mesmo no aspecto inferior, tem desejo de uma vida simples e humilde. Mas, quando se assemelha, em seu egoísmo, ao tipo inferior do 5º Raio, torna-se desconfiado e centrado em suas propostas de evolução, e não percebe os outros ao seu redor.

Normalmente o indivíduo do 6º Raio é pacífico e gentil, mas às vezes explode de forma rude, com cólera e violência. Essa ambiguidade faz com que se pareça com um indivíduo de 4º Raio em certas ocasiões.

Tipo médio

Quanto mais esse indivíduo reflete, medita ou ora, mais ele caminha para a evolução.

No tipo inferior, ele é capaz de morrer por uma causa, já no tipo médio ele reflete um pouco mais. Será que só a minha filosofia é correta? Será que só a minha religião salva? O amor que existe ainda é possessivo e ciumento, mas ele não age mais impetuosamente; respeita ideias e ideais com os quais não concorda.

Tipo superior

Apenas quando encontra Deus dentro de si (e não fora, em alguma religião) é que ele se transforma no tipo superior desse Raio. Depois de enormes desilusões, o tipo do 6º Raio começa a se reerguer. Sua busca continua, mas agora em um tom mais amoroso. É capaz de grandes sacrifícios, porém não se mata por um ideal religioso ou político. Será sempre um idealista.

Todos os tipos de 6º Raio procuram Deus.

AJUDANDO PERSONALIDADES DE 6º RAIO

- Visão objetiva e análise presentes no 5º Raio.
- Treinar a flexibilidade.
- Exercitar aspectos positivos do 6º Raio.

> **Empatia é a chave para o 6º Raio**

DIFICULDADES DO 6º RAIO

Ser objetivo. Ser independente. Ser desapegado dos laços afetivos (6º Raio se desapega facilmente de coisas materiais).

ILUSÕES DO 6º RAIO

"As desilusões do tipo do 6º Raio podem ser tremendas, como profundas e completas eram suas ilusões. Todavia, ele é capaz de se recuperar e se erguer, porque encontrará um outro ideal para seguir, um outro objeto para adorar."

(Sala Batà)

Deslumbramento da devoção/ Deslumbramento do apego às pessoas/ Deslumbramento do idealismo/ Deslumbramento de salvador do mundo.

AFIRMAÇÕES POSITIVAS PARA REEQUILIBRAR OS ASPECTOS NEGATIVOS DO 6º RAIO

– EU SOU minha Lucidez!
– EU SOU a Análise objetiva fazendo parte do meu corpo mental!
– EU SOU a Paciência infinita e eu expando, expando, expando essa paciência para minha família, meu trabalho e meu mundo!
– EU SOU o Equilíbrio dos meus corpos inferiores!
– EU SOU a Percepção correta do caráter das pessoas com as quais me relaciono!
– EU SOU o Desapego e expando, expando, expando esse desapego para minha vida e meu mundo!
– EU SOU a Cura para todos os meus preconceitos!
Está Decretado!

DESEQUILÍBRIO DO 6º RAIO E OS FLORAIS MINEIROS

- Inclusão do 1º Raio na Oitava Superior: *Ruta ou Sempervivum*
- Inclusão do 2º Raio na Oitava Superior: *Verbenácea ou Millefolium*
- Inclusão do 4º Raio na Oitava Superior: *Piperita*
- Inclusão do 6º Raio na Oitava Superior: *Ageratum*

Centro de Energia (Chacra) do 6º Raio: Plexo Solar.
Pedra do 6º Raio: Rubi.
Animal associado ao 6º Raio: Cão.

COMO INCLUIR ENERGIA DO 6º RAIO EM SUA VIDA

Desapegando-se de bens materiais, buscando viver uma vida simples, dedicando-se a uma causa que o faça evoluir.

EXPRESSÃO POSITIVA E NEGATIVA

Positiva: Espiritualidade
Negativa: Fanatismo religioso, necessidade da religião organizada. Visão estreita sobre religiões.

> "Todo vivente é obediente (...) manda-se naquele que não pode obedecer a si próprio."
>
> *(Niestzche)*

Quando um indivíduo com personalidade de 6º Raio percebe que suas necessidades podem vir em primeiro lugar, ele começa a obedecer seus desejos, intuições e aspirações; caso contrário, será sempre obediente aos Raios ímpares dos outros.

RESUMO DO 6º RAIO

Devoção – Cor: Rubi. Ama com apego; devota-se a uma causa; busca da espiritualidade; fanatismo.

Todas as guerras religiosas, como as Cruzadas, tiveram origem no fanatismo do 6º Raio.

O homem desse temperamento é muitas vezes de natureza doce e gentil, mas pode explodir em cólera e violência súbitas e tremendas.

É preciso trabalhar bem este Raio para ir para o segundo. Tem paciência, cuida de doentes, devotado a causas, a pessoas, Greenpeace, maternidade. Todo trabalho que faz e não recebe por ele, seja dar um copo d'água, cuidar do outro, enfim, coisas que não têm retorno financeiro, como a dedicação de uma mãe a seu filho.

> "Há nesse tipo uma brilhante capacidade para superar o desejo e para sublimar as emoções, e, por isso, uma de suas qualidades fundamentais é o ascetismo. No místico, essa qualidade está presente; nele, realmente, encontramos uma espécie de desprezo e aversão contra as paixões e os instintos inferiores, embora eles próprios sejam de natureza passional."
>
> *(Sala Batà)*

6º RAIO

Descobrindo o Raio da Personalidade

1. Você se preocupa com pessoas que conhece muito pouco?
2. Preocupa-se muito com familiares e amigos?
3. Gosta de seguir uma religião?
4. Você se encanta e se desilude facilmente?
5. É uma pessoa ciumenta?
6. Tem necessidade de se dedicar a alguém ou a uma causa?
7. Gosta que as pessoas sigam os seus ideais?
8. Consegue se colocar no lugar do outro?
9. Tem preconceitos?
10. Percebe quando deve se aquietar e orar?
11. Percebe quando deve aprender e não ensinar?
12. Você se acha uma pessoa intuitiva?
13. Viveria de maneira muito simples? Sem luxo e sem conforto?
    (Chico Xavier e Gandhi)

Faça uma lista das características positivas e outra das negativas que acredita possuir e verifique quais pertencem ao 6º Raio.

REFLETIR

"**Merecimento**
Prostre-se diante do altar.
Você é digno de sua divindade?
Consegue eliminar o profano
E lutar pela adoração constante?
Não é fácil venerar. Ir a um templo uma vez por semana e ter um sacerdote que interceda em seu favor não é suficiente. A verdadeira veneração é um ato diário de humildade diante de sua divindade, oferecendo um coração puro e palavras sagradas."

(Deng Ming-Dao, Tao Meditações Diárias,
Ed. Martins Fontes, p. 252)

8

7º Raio

Sétimo Aspecto da Divindade: Cerimonial Ativo

"O Refrão do 7º Raio poderia ser: 'Se vale a pena fazer algo, vale a pena fazê-lo da melhor forma'."

(Geoffrey Hodson)

"O Sétimo Propósito da Divindade. O Mago não revelado. O Trabalhador na Arte Mágica. O Criador da Forma. O Guardião do Sétimo Plano. O Mantenedor da Palavra Mágica. O Guardião do Tempo."

"Se observarmos a vida, constataremos que o ritmo, não a estabilidade, é o princípio vital."

(Dion Fortune)

CARACTERÍSTICAS DO 7º RAIO

"A principal função cósmica do 7º Raio será realizar o trabalho de fusão do espírito com a matéria, de modo que se produza uma forma manifestada por meio da qual a vida revelará a glória de Deus."

(Alice Bailey, Psicologia Esotérica, *p. 324)*

A realização da Forma é a função do 7º Raio, mas também é a energia dos ciclos que perpetuam a possibilidade de vida no planeta. É a capacidade dessa energia de plasmar, de concretizar, de trazer para o plano físico um conceito ou uma semente que irá traduzir sua essência, a fim de concretizar seus frutos na terra.

> "No homem que está sob o influxo do 7º Raio, há nessa tendência de impor um ritmo em sua vida, de início operando sobre suas ações exteriores, e, em um segundo tempo, também sobre a vida interior quando a alma começa a fazer sentir a sua influência e quer dominar o seu instrumento."
>
> *(Sala Batà*, Os Sete Temperamentos Humanos, Ed. Pensamento, p. 76)

As personalidades de 7º Raio gostam da atividade e do ritmo, como os ginastas, atletas, militares, dançarinos. Além disso, em suas vidas diárias as questões cotidianas são realizadas com rituais. Esses indivíduos necessitam dos rituais religiosos, não conseguem estabelecer conexões com a Divindade sem um ritual ou um pontífice que oficialmente ordene esses rituais.

Personalidades de 7º Raio são gentis e amáveis. Gostam de normas, de regras e procuram conhecer e respeitá-las onde estiverem.

> "Na verdade, a técnica espiritual do 6º Raio é a Aspiração, isto é, fazer baixar para a personalidade as energias espirituais, transformando os veículos inferiores em canais e instrumentos aptos a receber tais energias. Portanto, o 6º Raio sublima as energias pessoais e espirituais, enquanto o 7º Raio transforma a energia superior em realizações e manifestações concretas, canalizando-as para obras e ações no plano físico por intermédio de um ritual. (...) Também, a atividade organizada de uma sociedade comercial, o funcionamento de um escritório, de um hospital, de uma casa, expressa essa energia do 7º Raio de ordem, do ritmo, do ritual em plano humano."
>
> *(Sala Batà*, Os Sete Temperamentos Humanos, Ed. Pensamento, p. 68)

O ritual facilita a comunicação com os planos mais sutis. Marca-se um encontro em determinado dia da semana, horário e local, para se efetuar a troca de energia. Presumindo que os seres de luz têm mais compromissos que os seres encarnados, cria-se uma rotina que funciona bem para os dois lados, além de dar as coordenadas corretas de onde estaremos para que a troca de energia se efetue com eficiência.

O 7º Raio é o Raio do plano físico e das relações que o homem estabelece com esse plano. Na Árvore da Vida é Malkuth, a Sephira que simboliza o planeta Terra e o elemento Terra. Às vezes, um indivíduo de 7º Raio pode lembrar uma pessoa de 4º Raio, quando alterna períodos de intensa atividade intercalados com períodos de inatividade; é preciso prestar atenção ao ritmo para determinar a energia do 7º Raio.

Os filhos desse Raio realizam as tarefas simples como se fossem rituais; são polidos, agradáveis e saem-se bem no contato social (não esquecer que nos outros Raios ímpares 1º, 3º e 5º, muitos indivíduos podem ser ásperos ou grosseiros).

> "Do mesmo modo que o 7º Raio está encarnando, o tipo do 7º Raio está aparecendo em número cada vez maior (...)."
>
> *(David V. Tansley*, As Trajetórias dos Raios e os Portais dos Chakras, *Ed. Pensamento, p. 72)*

David V. Tansley sugere tipos de energias do 7º Raio

- Tipo idealista: impõe a si mesmo e aos outros uma disciplina severa;
- Tipo organizativo: a disciplina é mais moderada e visa ao perfeito funcionamento do todo, tende a ser formal e designar tarefas;
- Tipo criativo: usa a imaginação ou intuição como um canal para se comunicar com seu Eu Superior;
- Tipo voluntarioso: usa a disciplina de forma rígida para atingir seus objetivos (lembra ações de 1º Raio);
- Tipo prático ativo: lembra um indivíduo de 5º Raio, é independente e age só, quer sucesso rápido.

Alguns indivíduos desse Raio podem ser fanáticos, assim como os do 6º Raio, mas podem ser ajudados com as qualidades do 5º Raio. De qualquer forma, o fanatismo não deve ser apontado pelo terapeuta, no entanto, ser percebido pelo indivíduo ao longo do processo.

DIFICULDADES

Algumas pessoas extremamente vaidosas e superficiais também se encaixam nesse Raio, e só o tempo e o cuidado amoroso do terapeuta podem trazer aspectos mais profundos e reflexivos de suas personalidades.

O 7º Raio atua no plano físico. Segundo Alice Bailey, a audição está ligada a esse Raio – creio que a visão também.

Aspectos positivos do 7º Raio

Capacidade de interpretar símbolos/ Capacidade de manipular as energias da matéria/ Capacidade de aceitar a riqueza material sem culpa/ Capacidade de concretização/ Ordem/ Organização/ Cuidado com detalhes/ Produtividade/ Perseverança/ Autoconfiança/ Nobreza/ Cortesia/ Precisão/ Habilidade/ Coragem (quando aliado ao 1º Raio)/ Diplomacia (assim como no 2º Raio)/ Transmutação/ Autoestima positiva/ Força/ Reverência.

Aspectos negativos do 7º Raio

Orgulho/ Rigidez/ Limitação mental (convicções estreitas, estereótipos)/ Materialismo/ Interesse excessivo pelo psiquismo e ocultismo em seu aspecto fenomenal/ Superstição/ Ostentação/ Pretensão/ Magia Negra/ Feitiçaria/ Formalismo/ Fanatismo/ Julgamentos superficiais/ Opinião excessivamente indulgente sobre si mesmo/ Teimosia/ Superficialidade/ Vaidade/ Egocentrismo.

Os sete defeitos principais do 7º Raio

Orgulho/ Materialismo/ Fanatismo/ Ritualismo/ Sentir-se separado dos outros/ Organização rígida/ Magia Negra.

Defeitos secundários do 7º Raio

Formalismo/ Dependência dos oráculos/ Exagerada importância para o externo/ Exagero de simbolismo/ Vaidade/ Superficialidade/ Frieza.

Virtudes a desenvolver

Conscientização da unidade de todos os seres/ Amplitude de ideias/ Tolerância/ Amor/ Adaptabilidade/ Sensibilidade/ Suavidade/ Humildade/ Flexibilidade.

Virtudes a obter

Deve vencer a superficialidade/ Ser mais humilde/ Ser mais profundo em seus valores.

Profissões do 7º Raio

Político (se modificado pelo 1º Raio)/ Militar/ Professor de Educação Física/ Ginasta/ Atleta/ Dançarino/ Diretor Cênico/ Mestre de Cerimônias/ Mágico/ Sacerdote/ Artista/ Escultor – auxiliados pelo 4º Raio/ Dentista (mesclando 5º e 7º Raios na precisão e nos detalhes)/ Diplomata/ Massagista/ Profissional da Moda – tanto o modelo como o estilista.

Qualidades do 7º Raio para Alice Bailey

Poder de criar, poder de cooperar, poder de pensar, poder mental, poder de vivificar.
Campo de Manifestação: corpo físico.
Principal trabalho deste Raio: espiritualização das formas.
Característica do Raio: Coordenar a qualidade interior e a forma tangível exterior ou aparência. Trabalho mágico no físico e etérico/ Concretização Física, Ordem e Ritual.

TIPOS DE 7º RAIO

"(...) O Senhor do 7º Raio está assumindo o controle dos assuntos e da execução ordenada do Plano, para finalmente restabelecer a estabilidade no planeta e dar às influências aquarianas entrantes um campo estável e ampliado no qual trabalhar."

(Alice Bailey)

Tipo inferior

"No indivíduo pouco evoluído do 7º Raio há o perigo de dar importância apenas ao que é externo, ao aspecto físico do rito, aos atos exteriores e acreditar que somente o "gesto", a forma, vazios de significado e de energia, podem produzir resultados mágicos."

(Sala Batà)

O indivíduo desse tipo pode se tornar um obsessivo compulsivo; é controlador; suas referências são todas externas.

Enquanto no tipo superior encontramos uma pessoa gentil e refinada (oposta aos aspectos inferiores do 1º, 3º e 5º Raios, que são grosseiros e agressivos), no tipo inferior vemos um fanático, um ritualista que não percebe o outro.

"Tem necessidade de consultar constantemente os oráculos..."

(Sala Batà)

O tipo inferior desse Raio é extremamente supersticioso e materialista, os tipos médio e superior usam a matéria como energia manifestada desse Raio, sem o apego do tipo inferior.

Tipo médio

"No homem de evolução média começam a manifestar-se algumas características psicológicas positivas, como o interesse pelo trabalho produtivo, a capacidade de organização, o cuidado nos pormenores, (...) além da ordem, o ritmo e a inclinação a colocar no plano físico ritmos calmos que tornam possíveis as manifestações da energia superior."

(Sala Batà)

Quando um indivíduo do 7º Raio se apega exageradamente aos ritos e às formas, não pode crescer espiritualmente. Quando aprende que isso é apenas uma simbologia e que a verdadeira magia é mais interna, ele começa sua evolução dentro desse Raio.

No indivíduo do tipo médio, a energia do ritual transforma-se em capacidade de organização e ordem em seu trabalho e na vida pessoal. As personalidades de 7º Raio amam o ritmo e a beleza, mas agora já não são mais superficiais.

Esse indivíduo ainda alterna períodos de grande inércia com outros de intensa atividade; lembra personalidades do 4º Raio, mas a diferença é que no 7º Raio sempre há um ciclo.

Tipo superior

Os tipos mais evoluídos desse Raio não sentem a separação entre matéria e espírito, uma vez que compreendem a matéria como manifestação do mundo espiritual (matéria é energia condensada).

O indivíduo cuja personalidade é de 7º Raio sente, inconscientemente, "a divindade das coisas", isto é, o lado espiritual oculto, que se esconde por trás das coisas aparentemente mais humildes e mais comuns, nas ações mais costumeiras, nos trabalhos mais materiais. Na realidade, tudo é divino, cada trabalho pode ser espiritualizado quando é feito com a consciência e a intenção de transmitir-lhe um significado superior, uma energia espiritual.

A personalidade de 7º Raio do tipo superior terá muitas qualidades positivas do Raio, seu caráter é mais espiritual. Há uma brilhante tendência para o ocultismo. "(...) O uso das energias, a concentração e a meditação de tipo mental, o estudo científico da verdade espiritual e suas aplicações na vida cotidiana". *(Sala Batà)*

Esse indivíduo usará os ciclos a seu favor. Dormirá pouco e aproveitará cada instante de sua encarnação. Ele se diferencia das massas pelo seu sucesso profissional, mas também pessoal. A vida espiritual e afetiva conta infinitamente mais que a profissional. Há um cuidado com todos os corpos, não apenas com o corpo físico. Esse indivíduo prepara seus corpos internos para a evolução espiritual. Esse tipo é geralmente chamado de "cientista do ocultismo" ou "cientista do espiritualismo".

A grande tarefa do 7º Raio é criar um elo entre a vida encarnada e a vida espiritual.

Alice Bailey coloca o trabalho maçônico no 4º Raio, enquanto prefiro colocá-lo no 7º Raio, por ser extremamente ritualista e simbólico.

7º Raio e doenças

As doenças orgânicas desequilibram o 7º Raio. E isso afeta todos os seres humanos, pois o corpo físico é uma expressão do 7º Raio.

Personalidades de Raios ímpares se ressentem mais quando adoecem e personalidades de Raios pares tendem a ser mais aceitadoras.

Maria Rita Kehl levanta uma questão importante no livro *Ressentimento*, quando fala de doenças crônicas e Nietzsche.

> "Não se trata de apologia a doença; Nietzsche pensa que toda doença prolongada acaba por ter o efeito de fazer parecer, ao doente e aos demais, que ele tenha feito por merecer seu sofrimento.
> A doença não se torna produtiva quando não ocorre em parceria tensa com a saúde ou com uma forte vontade de saúde."

Pessoas com personalidade de Raios ímpares facilmente se ressentem quando estão doentes. E quando ressentidas, adoecem. Cria-se um círculo vicioso; principalmente para indivíduos de 3º Raio.

Os indivíduos de 7º Raio sentem falta da vida social, acham injusto adoecer, principalmente se são jovens. Personalidades de 1º Raio sentem falta da força física, extremamente importante para essas pessoas. Indivíduos de 5º Raio se ressentem porque não podem trabalhar e/ou ganhar dinheiro.

Na verdade Nietzsche também faz sua redenção (ele próprio doente crônico com 3º e 5º Raios na personalidade) em textos sobre convalescência como na citação abaixo:

> "Que felicidade ainda no cansaço, na velha doença, na recaída do convalescente! Como lhe agrada sentar-se quieto, sofrendo, urdir paciência, estar deitado ao sol! Quem entende igual a ele, de felicidade de inverno, de manchas de sol sobre o muro! São os animais mais gratos do mundo, e também, os mais humildes, estes convalescentes e lagartos semivoltados outra vez à vida (...) há uma cura radical contra todo o pessimismo (...) no modo de esses espíritos livres ficarem doentes, por um bom tempo permanecerem doentes e então, ainda mais longamente, mais longamente ainda, ficarem sadios, quero dizer 'mais sadios'.
> Há sabedoria nisso, sabedoria de vida, em receitar-se a saúde mesma somente em pequenas doses".
>
> *(Nietzsche, "Humano Demasiado Humano")*

AJUDANDO PERSONALIDADES DE 7º RAIO

"O Bem-aventurado buscou o caminho para a forma, mas segurou com firmeza a mão do Mago. Buscou reconciliar o Peregrino, que era ele próprio, com a vida na forma."

(Zachary F. Landsdowne, Os Raios e a Psicologia Esotérica, Ed. Pensamento, p. 38)

Personalidades de 7º Raio devem desenvolver seus aspectos positivos e trazer energia do 5º Raio para o cotidiano. Profundidade, estudo e reflexão do 5º Raio tornarão o 7º Raio mais produtivo. A arte na argila, especificamente (4º Raio), pode ser extremamente benéfica e tornar o indivíduo de 7º Raio mais sensível, principalmente se apenas usar o 7º Raio no aspecto físico.

> **Concretização é a chave para o 7º Raio**

DIFICULDADES DO 7º RAIO

Deve vencer a superficialidade.

ILUSÕES DO 7º RAIO

Deslumbramento do trabalho mágico/ Deslumbramento do corpo físico/ Deslumbramento da magia sexual/ O misterioso e o secreto.

AFIRMAÇÕES POSITIVAS PARA REEQUILIBRAR OS ASPECTOS NEGATIVOS DO 7º RAIO

– EU SOU a Flexibilidade em meus pensamentos, sentimentos e ações!
– EU SOU Luz e minha religiosidade está em meu coração!
– EU SOU a Amplitude de minhas ideias e ideais!
– EU SOU a Mente aberta que amplia todos os meus conceitos!
– EU SOU Amor e expando, expando, expando esse Amor para meu lar, meu trabalho, meu mundo!
– EU SOU o meu Sucesso profissional e financeiro! Eu abençoo todas as minhas aquisições e todos os meus gastos! O Universo abençoa minha prosperidade!
Está Decretado!

DESEQUILÍBRIO DO 7º RAIO E OS FLORAIS MINEIROS

- Inclusão do 4º Raio na Oitava Superior: *Ipomea*
- Inclusão do 6º Raio na Oitava Superior: *Sonchus*
- Inclusão do 7º Raio na Oitava Superior: *Eucalyptus*
- Inclusão do 5º Raio na Oitava Superior: *Margarites*

Centro de Energia (Chacra) do *7º Raio*: Base da espinha.
Pedra do *7º Raio*: Ametista.
Animal associado do *7º Raio*: Cavalo.

COMO INCLUIR ENERGIA DE 7º RAIO EM SUA VIDA

Fazendo tarefas diárias como rituais, mantendo ordem e organização ao redor de si; atraindo e apreciando a beleza; cuidando do corpo físico.

EXPRESSÃO POSITIVA E NEGATIVA

- Positiva: Capacidade de concretização dos ideais/ Sociabilidade/ Gentileza/ Reverência.
- Negativa: Aceitar o Divino apenas por intermédio de fenômenos paranormais/ Ritualização nas religiões.

BENESSES DO 7º RAIO PARA O PLANETA

"A aspiração apenas não é suficiente. Ela deve ser secundada pela disciplina, pelo treinamento e pelo esforço."

(Paul Brunton)

Nas próximas décadas o planeta mudará bastante, como resultado de alterações físicas, no clima, na geografia e nos costumes.

Alguns animais serão completamente extintos, outras espécies serão descobertas. Apesar de muitas características negativas, a influência do 7º Raio será benéfica. A humanidade estará mais apta a acreditar e a concretizar milagres com os poderes da mente. O misticismo e o ocultismo estarão ao alcance de todos. O planeta tenderá a um só governo. Alianças entre governos acontecerão tanto por afinidades de língua e/ou cultura, como também pela proximidade geográfica.

A organização e o ritmo devem trazer prosperidade aos povos, apesar das dificuldades de sempre: ganância, orgulho, separatividade, guerras, etc.

Grupos tenderão a ser formados pelos mais diversos motivos. A individualidade já não será mais tão decantada. Grupos familiares, grupos de estudo, de trabalho, de lazer, de orações.

A tendência é que aos poucos os seres humanos deixem o egoísmo e o individualismo no passado.

"Muitas e importantes coisas estão a caminho como resultado da atividade do 7º Raio. Primeiramente, embora o reino animal reaja pouco a esse tipo de influência, serão produzidos, contudo, muitos resultados bem definidos dentro da alma da forma animal. A porta da individualização, ou de entrada para o reino humano, tem estado fechada desde o Período Atlântico, mas sob a nova influência, será aberta parcialmente. Ela será entreaberta para que uns poucos animais possam responder ao estímulo da alma e descobrir que o seu lugar correto é do lado humano da porta de separação. Parte da reorganização que se processará como resultado da atividade do 7º Raio fará referência à relação que há entre a humanidade e o reino animal e ao estabelecimento de relações melhores e mais estreitas. Isso levará o homem a aproveitar outro efeito do 7º Raio, que é o poder de refinar a matéria com a qual são construídas as formas."

(Alice Bailey, Psicologia Esotérica, p. 326)

RESUMO DO 7º RAIO

Cerimonial Ativo – Cor: Violeta – A Beleza – A Cortesia.
Rituais, Militares, virginianos, exercícios físicos.
Chama violeta/ Ritmos/ Ordem/ Organização.

"No reino humano essa energia produz muitas qualidades e características psicológicas, entre as quais a fundamental é a tendência inata e espontânea a "concretizar no físico", isto é, a transmitir a energia à matéria, a realizar a ideia em uma obra física, a organizar, a plasmar, a modelar a matéria."

(Sala Batà)

Dessa forma, o temperamento do 7º Raio tem essa tendência à atividade ordenada e, além disso, a realizar tudo, mesmo o mais humilde trabalho, como se fosse um rito.

7º RAIO

Descobrindo o Raio da Personalidade

1. Você é uma pessoa organizada?
2. Pratica exercícios físicos com regularidade?
3. Gosta de seguir uma religião?
4. Relaciona-se facilmente com outras pessoas?
5. Você persiste em seus objetivos, para torná-los realidade?

6. Você sente necessidade de rituais para expressar sua vida religiosa?
7. Você sente necessidade de rituais em sua vida diária?
8. Acha que tudo tem uma explicação mágica ou sobrenatural?
9. Procura ser hábil para colocar suas ideias em prática?
10. Tem sempre uma postura de reconciliação?
11. Você se sente bem em grupos?
12. Mostra sempre espírito de equipe?
13. Consegue manter um bom clima de trabalho?

Faça uma lista das características positivas e outra das negativas que acredita possuir. Relacione os que pertencem ao 7º Raio.

REFLETIR

"**Repetição**
Minhas contas de orar estão enfiadas no meu período de vida.
Não posso pular nenhuma única delas:
Às vezes a conta é uma semente. Ou um osso.
Ou jade. Ou sangue seco. Ou sêmen. Ou cristal.
Ou madeira podre. Ou a relíquia de um sábio. Ou ouro.
Ou vidro. Ou um prisma. Ou ferro. Ou barro.
Ou um olho. Ou um ovo. Ou esterco. Ou uma bola.
Ou uma pedra. Ou um pêssego. Ou uma bala. Ou uma
bolha. Ou chumbo. Ou pura luz.
Não importa a próxima conta; devo incluí-la.
Executar as práticas rigorosas do dia.
Repetir. Repetir. Repetir.
Até a repetição transformar-se em resistência."

(Deng Ming-Dao, Tao Meditações Diárias,
Ed. Martins Fontes, p.226)

9
Os Sete Raios e a Relação entre Eles

"Todas as pessoas são boas, exceto as ociosas."

(Voltaire)

A Filosofia é uma energia de 3º e 6º Raios; a frase de Voltaire resume o pensamento das personalidades de 3º Raio. Voltaire era uma personalidade típica desse Raio. Sempre ocupado, usando a mente para buscar iluminação, provavelmente alguns de seus corpos internos também funcionavam com a energia do 3º Raio. O filósofo que mescla o 6º e o 3º Raio também faz isso, mas prefere uma vida mais simples e a Filosofia é sua devoção, como Espinosa.

Tais indivíduos geralmente são acusados de falta de bom humor, costumam ser muito sérios e despreocupados da vida social, a não ser quando modificados por um sub-Raio como o 7º.

Pessoas de 3º e 6º Raios são um pouco mais impacientes do que as de 6º e 3º. Quando o 6º Raio é predominante, essas pessoas são mais calmas, porém uma consciência da renúncia e dedicação pode causar certa amargura.

Certamente, nenhum filósofo até hoje usou os defeitos do 6º Raio, como fanatismo e visão estreita, pois a mente aberta do 3º impede essa energia inferior. As questões existenciais, a experiência com palavras e a observação crítica dos livros e da vida impulsionam o Pensador para causas maiores. Mais um exemplo de Voltaire é que ele também criou poemas característicos do 3º Raio, além de sua língua ferina.

Algumas personalidades de 3º Raio sentem dificuldade para conter suas observações mentais, expressas como críticas a pessoas e situações, o que coloca também os jornalistas nesse Raio. Uma personalidade de 3º Raio não se preocupa em ser gentil, geralmente fala mais do que seria adequado, ao contrário, por exemplo, de uma personalidade de 7º Raio, que prima pelo bom gosto e gentileza. A amabilidade dessas pessoas, às vezes, nos confunde com indivíduos de 6º Raio, mas enquanto o 6º Raio quer servir, o 7º quer ser servido.

As personalidades de 7º Raio são sempre amáveis, por isso, muitos embaixadores são classificados nesse Raio, embora alguns pertençam ao 2º Raio.

Os indivíduos de 7º Raio gostam do belo, do luxo, da riqueza, assim como de normas ou regras e procuram respeitá-las onde estiverem. São pessoas de fácil convívio, a não ser quando estão em desequilíbrio, momentos em que apresentam um comportamento obsessivo-compulsivo.

Os Raios ímpares, principalmente 7º e 3º Raios, podem ser muito cruéis quando se trata da doença alheia, como se esta surgisse como punição. Todo doente é culpado de alguma coisa.

O 3º Raio, no aspecto negativo, utiliza palavras como: é óbvio, é claro, etc. Prejulga ou faz um julgamento apressado sobre as pessoas e/ou situações.

Os 5º e 1º Raios olham a situação com lógica e buscam a solução. Os 2º e 6º Raios confortam o indivíduo doente.

Sala Batà comenta o 3º Raio: "Seu progresso não vem por meio de uma vitória sobre os lados negativos (como no 1º Raio), nem como uma transformação dos aspectos inferiores ou superiores (como o 2º Raio), mas com a criação de um terceiro aspecto, que funde e harmoniza os dois opostos em um plano superior".

Para um observador menos atento, o 4º Raio às vezes se confunde com o 7º Raio, não só por gostar de arte e de beleza, mas também por aparentar um ritmo, quando se manifesta com períodos de intensa energia e fases de inércia.

O ritmo do 7º Raio é claro quando observado na Natureza. O ciclo das marés, o dia e a noite, os movimentos do próprio planeta em torno de si e do Sol.

Fica um pouco mais difícil perceber os ritmos nas pessoas, é preciso conhecer seus hábitos e rituais religiosos ou pessoais.

Os Raios possuem entre si certas afinidades; os pares, por exemplo, são mais passivos e os ímpares mais ativos.

Os Raios ímpares, exceto o 7º, têm em comum: irritabilidade, impaciência, valorização excessiva da inteligência, desejo de sucesso e dificuldade em apaziguar a mente ou fazer meditações. O 7º Raio não tem nenhuma dessas características (exceto desejo de sucesso) presentes nos demais Raios ímpares, mas se iguala a eles na força, energia e capacidade de mudanças. Esse Raio é o perfil do atleta, do professor de educação física, para o qual se exige o ritmo e a repetição para treinar músculos e comandar o corpo. A vaidade também faz parte desse Raio, de nenhum outro, a não ser a vaidade intelectual do 3º Raio.

Como todo o planeta entrou na Era de Aquário, o 7º Raio afetou no mundo todo pessoas de todos os Raios, com o culto ao corpo e à beleza; mas também estimulou a busca por religiões e confrarias.

Enquanto os indivíduos de outros Raios ímpares podem ser mais rudes ou até grosseiros, principalmente os de 1º Raio, personalidades de 7º Raios são gentis (gostam do luxo e do conforto) e fazem amizade facilmente. O 4º Raio também ama o conforto, mas não necessariamente o luxo.

Trigueirinho afirma que uma boa imagem para o 3º Raio é a de um cachorro que, ao sair da água, molha tudo que estiver por perto enquanto se agita. O jeito de ser, desajeitado, do 3º Raio é o oposto das maneiras suaves dos indivíduos de 7º Raio. Sobre a energia e atividade do 3º Raio ele comenta: "O 3º Raio tem uma nítida função, mesmo quando ainda não estivesse desenvolvido na pessoa. Ao suscitar no homem não evoluído essa ânsia de fazer coisas, de trabalhar, de criar e de se movimentar no plano físico, está servindo de instrumento à alma que, encarnada no indivíduo ativo, promove uma série de experiências".

As personalidades de Raios ímpares deviam cultivar o silêncio e a meditação como medida preventiva contra o excesso de energia.

Paul Brunton explica sobre tensão e pressão: "Há uma real necessidade de equilibrar nossa extrema tendência para a ação com alguma quietude, de compensar nosso excessivo fazer com um mais profundo ser". É exatamente isso que personalidades de Raios ímpares necessitam. "Que o praticante se retire uma vez ao dia pelo menos, não apenas das atividades exteriores do mundo, mas também de seus próprios conflitos interiores. (...) Se as pessoas permitem que o trabalho tome tanto do seu tempo, até que nada lhes sobre para a oração devocional, para a meditação mística ou para um estudo metafísico, elas serão tão culpadas por esse desperdício de vida...". *(Paul Brunton,* Ideias em Perspectiva, *Ed. Pensamento, p. 40 e 42)*

Personalidade de Raios ímpares não gostam de orar, exceto as do 7º Raio, que só sabem orar com o auxílio dos rituais. Quando o 5º Raio predomina, há apenas lógica no lugar que deveria ser ocupado por Deus. Quando o 1º Raio começa a se espiritualizar, apenas os seus conceitos são verdadeiros. É como se ele colocasse um óculos com lentes de uma só cor, então passasse a enxergar apenas com esse foco. Daí para o fanatismo do 7º Raio é um passo.

As personalidades de Raios pares devem se tornar mais ativas.

O tema mais comum nos hospitais psiquiátricos é a religião. Pessoas bondosas que não elaboram direito 6º e/ou 7º Raios acabam fanáticas e, muitas vezes, em sanatórios ou manicômios. Grande parte dessas pessoas bondosas é também controladora. Um 1º sub-Raio na personalidade pode causar esse desejo de controle.

Os Raios ímpares doam às personalidades humanas certa rigidez. O indivíduo rígido é incapaz de refletir, de mudar de ideia, de "perder", de filosofar. Ele é o dono da verdade. Usa sua inteligência para buscar fatos e "provar" que está certo. Usa o 1º Raio para tornar-se ainda mais rígido. O poder não serve mais para unir o eu temporal com o Eu Sou, mas para esmagar opiniões, para afirmar-se, em prol de seu egoísmo. Só ele existe, só ele é importante e ele está sempre certo. Muitas vezes, ninguém mais importa para esse indivíduo; sua própria individualidade já não importa. Desapegou-se da pior forma possível, rejeitando as pessoas e a própria vida espiritual. Outras vezes, o indivíduo com personalidade de 1º Raio acaba se isolando porque ocupa um cargo de poder, enquanto a personalidade de 5º Raio se isola porque se irrita com outros seres humanos.

Os sentimentos depressivos do 6º Raio somados à imposição da Vontade do 1º Raio podem realmente enlouquecer uma pessoa. Se esse indivíduo estiver em uma posição de comando, outros indivíduos de 6º Raio o seguirão fanaticamente, sem questionar nada. É quando acontecem as guerras religiosas.

Os 2º e 6º Raios contam com uma energia de serviço. Ambos possuem empatia e sempre caminham para a energia de serviço.

As personalidades de 7º Raio são dotadas de simpatia e amabilidade, preocupam-se com o bem-estar do outro, mas de forma superficial; com exceção de indivíduos ligados à enfermagem. Os outros Raios, quando os indivíduos são simpáticos e/ou empáticos, estão usando algum desses sub-Raios.

Os indivíduos de Raios pares podem ter facilmente sua aura invadida por energias alheias – o 4º Raio principalmente. Mesmo quando o indivíduo consegue se libertar de seus vícios, está constantemente sendo influenciado por energias do plano astral.

RESUMO

As Eras são regidas por Raios. Estamos na Era de Aquário: grupos, conhecimentos esotéricos, preocupação com a ecologia – 7º Raio. Defeitos: rituais demais, seitas, fanatismo. Nada existiria sem o 7º Raio. Ritmos: noite/ dia, estações do ano, etc.

Todos os Raios possuem características essenciais para a vida no planeta Terra. Os países têm Raios, épocas, pessoas e corpos internos regidos pelas energias dos Raios.

Cada Raio atua por 2 mil anos neste planeta. Nos seres humanos encarnados não há um tempo preciso de atuação. O Raio da Alma também muda a cada 2 mil anos.

O conhecimento sobre os signos pode ajudar na busca sobre os Raios que regem nossas vidas.

O 2º Raio é iluminação – energia do Sol. Enquanto o 1º Raio cria, o 2º Raio compreende e o 3º Raio é pura atividade.

Os outros quatro Raios são sub-Raios dos três primeiros.

AFINIDADE DOS RAIOS

Os Raios possuem afinidades entre si – os pares e os ímpares. O 1º, 2º e 3º, de um lado, o 4º como mediador e os três últimos, de outro lado. Existem os opostos e complementares. Há uma afinidade especial entre os Raios: 1º e 7º/ 2º e 6º/ 3º e 5º/ o 4º Raio é o elo/ o 5º Raio oculta o 2º.

DIFERENÇAS E SEMELHANÇAS ENTRE OS RAIOS

Os Raios pares são aparentemente passivos, desenvolvem ações mais internas. Os Raios ímpares possuem ações mais externas, portanto, mais ativos no mundo físico.

Raios da Linha do Amor: 2º, 4º e 6º – tornam o indivíduo mais suave.

Raios da Linha da Vontade: 1º, 3º, 5º e 7º – tornam o indivíduo mais firme e áspero.

Não existem 1º e 2º Raios puros e há poucos indivíduos com todos os aspectos superiores do 3º Raio.

O 1º e o 7º Raios têm sede de liberdade. Quando estão juntos na mesma personalidade, nos aspectos superiores, revelam um indivíduo voltado para o bem-estar de grupos, e na vida pessoal e no trabalho gostam de ser livres.

"O que, na verdade, faz sofrer mais o temperamento do 1º Raio é a falta de liberdade, a opressão (...)" (Sala Batà). A Era de Aquário (7º Raio) é a era da liberdade. Comunidades, países e continentes lutarão pelos seus direitos. O ocultismo, aos poucos, deixará de ser oculto. Quem tem olhos verá.

A gula é um atributo do 3º Raio, mas qualquer exagero está associado ao 4º Raio, como paixões, sensações. O excesso de comida pode estar associado ao 4º Raio. O excesso de comida no 3º Raio deve-se a ansiedade ou compulsão, e no 4º Raio é o prazer levado ao exagero. O 3º Raio come sem muitas exigências, enquanto o indivíduo de 4º Raio gosta de saborear o alimento e geralmente prepara seus pratos preferidos (indivíduos de 3º Raio são incompatíveis com cozinha ou com tarefas domésticas).

A preguiça do 4º Raio é mais inércia, falta de energia. A do 3º Raio é a preferência pelo trabalho mental em detrimento do trabalho físico.

Bel César, em um texto de *O Livro das Emoções,* cita que, de acordo com a Psicologia Budista, há três tipos de preguiça, e podemos associar esses tipos aos defeitos dos 4º, 3º e, às vezes, 6º Raios:

"A preguiça da procrastinação, que surge quando pensamos 'por que não deixar para amanhã...'". Essa é a preguiça típica de 4º Raio.

"A preguiça ocupada, na qual preenchemos totalmente nosso tempo fazendo uma série de coisas, como desculpa para não fazermos o que sabemos que deve ser feito."

Essa é a preguiça típica de 3º Raio. E, às vezes, o 6º Raio, quando possui um sub-Raio do 4º Raio atuando, apresenta a "preguiça por inferioridade, na qual cultivamos a sensação de não sermos capazes ou ainda de estarmos imaturos para fazer o que sabemos que é necessário ser feito".

A indecisão do 3º Raio é no plano mental inferior. A indecisão do 4º Raio é totalmente do plano astral. "Temperamentos de 3º Raio têm, em geral, tendência a permanecer como "teóricos", pois contentam-se com o conhecimento sem sentir necessidade prática" (Sala Batà). Esse aspecto os diferencia muito das personalidades de 5º Raio, que são extremamente prática: 3º Raio síntese, 5º Raio análise.

O tato do 2º Raio é o do diplomata, enquanto o tato do 3º Raio é o do vendedor e o do 7º Raio é o de relações públicas.

O 6º Raio é constantemente associado ao amor materno e algumas vezes ao amor paterno, porque é um amor de doação, que não pede nada em troca. É a energia do serviço doada à família ou ao planeta; é o trabalho que não precisa de remuneração.

Geralmente, os 1º e 2º Raios se completam; as qualidades negativas de um podem ser superadas com as qualidades positivas de outro, e vice-versa, embora indivíduos com personalidades de 1º Raio prefiram destruir seus defeitos usando a própria força desse Raio, em vez de adquirir qualidades do 2º Raio.

A confusão de 3º Raio é diferente da confusão de 4º Raio. Embora exista nos dois Raios, no 4º há devaneios criativos ou períodos de angústia, mas esses momentos são movidos pelo desejo de expressar-se no plano físico. O 3º Raio tem verdadeiras enxurradas de pensamentos que dificultam a atenção e a concentração. A dificuldade de ter um foco claro é comum aos dois Raios.

Confusão e pensamento rápido: 3º Raio. Confusão e pensamento lento: 4º Raio. O pensar está extremamente ligado ao sentir.

O 5º Raio tem uma ligação secreta com o 2º Raio porque ele comumente revela os aspectos ocultos desse Raio, como uma porta invisível. O 5º Raio pode ser permeado de aspectos do 2º Raio. A união desses Raios cria: ideais, educação, psicologia, psiquiatria, ciência, pesquisa sobre a natureza humana.

O estudo (concentração) é 3º Raio; a pesquisa (lógica) é o 5º Raio; a dedicação (reflexão) é 6º Raio.

7º Raio: cuida do corpo.

3º, 1º e 5º Raios: esquecem que o corpo existe (só percebem que estão com fome quando ficam irritados).

3º Raio: quando ansioso, come demais ou deixa de se alimentar.

4º Raio: tende a se descuidar do corpo, maltratando-o com drogas lícitas e/ou ilícitas; come demais. O prazer em primeiro lugar – a saúde vem depois.

2º e 7º Raios: procuram comer o que é bom para o corpo.

2º e 7º Raios: no aspecto positivo: consciência ecológica.

OS IRMÃOS

1º e 3º Raios: São exigentes e arbitrários externamente e ansiosos e inseguros internamente.

3º e 4º Raios: Não lidam bem com a alimentação.

1º e 5º Raios: São fortes, firmes, trabalhadores incansáveis, sabem traçar metas e atingi-las, mas são frios, calculistas e materialistas.

1º e 7º Raios: São fortes, persistentes, sofrem pelas limitações de seu superego. Podem ser muito controladores.

1º e 6º Raios: São separados pelos sentimentos de poder e submissão. O 1º Raio exerce seu poder e fascínio e o 6º Raio (oposto) o complementa com sua submissão. Essa atração de um Raio pelo outro, quando se dá na mesma pessoa (é raro), pode se tornar harmoniosa, porém o que ocorre geralmente é que essa atração se dá externamente; muitos casais se complementam e se amarram em suas vidas afetivas. Amarram-se porque o indivíduo de 1º Raio sempre exerce seu poder sem adquirir paciência, doação, tolerância (coisas que são trazidas no relacionamento com o outro). O indivíduo do 6º Raio nunca sai de sua passividade, não se arrisca, não busca seu poder interno, já que o outro lhe dá tudo isso.

1º, 3º e 7º Raios: Produz indivíduos dominadores e/ou compulsivos. São ansiosos e não conseguem relaxar, em geral são cultos e sabem se expressar.

2º e 5º Raios: O terapeuta, o curador. São sensíveis internamente, embora aparentem frieza e seriedade. Usam a lógica e o conhecimento com sabedoria.

5º e 2º Raios: O pesquisador, o grande cientista. Os indivíduos desse tipo passam a vida a conhecer, pesquisar para melhorar a vida da humanidade, principalmente quando é somada a criatividade do 4º Raio.

5º e 4º Raios: O inventor.

4º e 6º Raios: Personalidades de 4º ou 6º Raio que não trabalham suas culpas ou resignações acabam "explodindo" facilmente como personalidades de 1º Raio. Ficam irreconhecíveis.

> "O 7º Raio funciona como energia construtora de novas formas dentro da substância material; juntamente com o 1º e 3º Raios, acarreta transformações básicas para o planeta e para a humanidade que o integra. Por exemplo, o sentimento religioso, que implica busca de união com os níveis superconscientes do ser, em vez de ser observado com datas e horários marcados, ou canalizado por meio de religiões organizadas, torna-se com o 7º Raio, uma atitude permanente em nossas vidas e não depende de fatores externos."
>
> *(Trigueirinho,* A Energia dos Raios em Nossa Vida, *Ed. Pensamento, p. 135)*

PAIXÕES NOS 4º E 6º RAIOS

"A dimensão psicopatológica do conceito de paixão, na teoria psicanalítica, tem sua origem nas formulações freudianas. O texto freudiano insere as origens da paixão do indivíduo – o narcisismo – e as modalidades de relações passionais têm, como modelo, as experiências vividas nesta infância precoce, reedição da relação primária com as figuras parentais."

(Maria de Barros e Silva)

As paixões podem ser violentas ou calmas, em certo nível apenas conectar indivíduos e em outro trazer uma espécie de obsessão, necessariamente patológica.

Todas as paixões exprimem características de 4º Raio, mas essas personalidades geralmente expressam desordem e fanatismo em suas vidas afetivas.

A questão da submissão na relação amorosa, "Freud explica (...) pelo deslocamento da energia narcísica, que passa a ser investida no objeto" (Maria de Barros e Silva), parece ser mais característica do 6º Raio do que do 4º Raio. O 6º Raio sempre desloca para o objeto amado seu poder, sua força e energia narcísica.

A questão do masoquismo na paixão também é um desequilíbrio do 6º Raio. O indivíduo passa da passividade à servidão *(A Paixão Silenciosa)*. Relacionamentos amorosos desse tipo geralmente acontecem com parceiros que se complementam no 1º Raio do outro. Porém, o 6º Raio tem um limite, uma ética, um superego que não atinge a perversão, enquanto o 4º Raio assume a brutalidade e a perversão. No 6º Raio é mais desamparo, no 4º Raio é mais perversão.

> "Falar de silêncio atrelado ao conceito de paixão coloca, em um primeiro momento inúmeras interrogações. Associar a paixão a movimentos ruidosos seria muito mais plausível, pois paixão é excesso, *hybris*, extrapolamento pulsional. (...) Paixão ruidosa, a expressão que se mostra às claras e possui todos os ingredientes que dão sabor a paixão. Por outro lado, a paixão silenciosa – outra expressão (...) negada (...) possui o mesmo sabor amargo que impregna a paixão amorosa. (...) Não seria demasiado pensar que na paixão silenciosa opera a pulsão da morte. O predomínio da pulsão de morte pode ser pensado como o resultado de um narcisismo insuficiente que não produziu o estabelecimento de um ego estruturado. (...) Podemos compreender a implicação da paixão ruidosa com a impossibilidade de uma resolução, minimamente adequada, do momento edípico."
>
> *(Maria de Barros e Silva, A Paixão Silenciosa, Ed. Escuta, p. 82).*

TRANSTORNOS MENTAIS

"(...) se alguém se desse ao paciente o trabalho de analisar o homem comum, veria que um de seus sete princípios é mais vigoroso que os outros seis, e guia as forças de sua alma para o aspecto universal de si mesmo."

(Ernest Wood)

Doenças do 1º Raio: Onipotência/ Catalepsia/ Hipercinesias (com 7º Raio como sub-Raio)/ Transtornos da Personalidade Sádica.

Doenças do 2º Raio: Apatia/ Depressão/ Transtorno da Personalidade Esquiva (também no 5º Raio).

Doenças do 3º Raio: Medos/ Histerias/ Ansiedade/ Compulsão/ Transtorno de Personalidade Antissocial (agressões e irresponsabilidade: sub-1º Raio e desvios das normas sub-7º Raio)/ Fobia/ Pânico.

Doenças do 4º Raio: Depressão (Distimia)/ Melancolia/ Apatia/ Narcolepsia/ Transtornos Relacionados a Substâncias/ Depressão/ Esquizofrenia Paranoide (com sub-7º Raio)/ Borderline.

Doenças do 3º + 4º Raios: Fobia/ Pânico/ Transtorno Bipolar/ Transtornos Alimentares (Bulimia e Anorexia)/ Transtorno do Sono/ Bulimia e Anorexia/ Bipolar/ Psicoses Alcoólicas.

Doenças do 5º Raio: Frieza aguda/ Transtorno da Personalidade Esquiva (também no 2º Raio)/ Transtorno da Personalidade Esquizoide/ Transtorno da Personalidade Paranoide (com sub-7º Raio e 4º Raio).

Doenças do 6º Raio: Depressão/ Baixa Autoestima/ Masoquismo/ Transtorno da Personalidade Passivo-Agressiva (sub-4º Raio)/ Transtorno da Personalidade Autodestrutiva.

Doenças do 7º Raio: Exibicionismo/ Egocentrismo/ Compulsivo obsessivo/ Transtorno da Personalidade Esquizotípica/ Esquizofrenia Paranoide (Também no 4º Raio)/ Transtorno da Personalidade Narcisista (sub-1º Raio)/ Transtornos Delirantes.

A "depressão neurótica" só acontece com indivíduos cujas personalidades estão vivendo Raios pares ou sub-Raios pares em conflito.

A ansiedade é uma doença de 3º Raio que pode estar associada à depressão e, portanto, a outros Raios pares.

A personalidade obsessivo-compulsiva sofre uma disfunção clara do 7º Raio.

A depressão psicótica acontece quando os Raios pares e ímpares entram em grande desequilíbrio. A arte, vinda do 4º Raio, tem efeito positivo nessas pessoas. A arte é positiva em qualquer desequilíbrio.

O 4º Raio sempre deve ser inserido quando a personalidade está em fase de transição para qualquer outro Raio, ou quando se quer introduzir qualquer qualidade de outros Raios. A arte deve preparar o indivíduo para outras mudanças mais profundas. Mesmo nas depressões neuróticas, nas quais o 7º Raio deve ser incluído, a arte pode fazer a ponte com o Ritual (nesse caso como exercícios físicos também).

No transtorno bipolar, os 4º e 6º Raios agem apenas como um apoio, tentativa de equilibrar o corpo astral e manter o etérico mais saudável.

A Psicologia Esotérica ainda não tem parâmetros suficientes para trabalhar com variados casos psiquiátricos, embora seja bastante profunda, coerente e de grande ajuda no autoconhecimento.

Quando a humanidade estiver mais evoluída será permitido tratar essas doenças a partir do conhecimento da Energia dos Raios e dos Corpos Internos. As subpersonalidades serão como sub-Raios em seus aspectos negativos, aspectos divergentes da personalidade e/ou não conhecidos do indivíduo. Assagioli assim definiu subpersonalidades: "William James ocupou-se desses conceitos de subpersonalidades – a que chamou 'os vários eus'. As funções de um indivíduo, em quem vários traços psicológicos não estão integrados, formam o que consideramos ser subpersonalidades". *(Assagioli*, Psicossíntese, *Ed. Cultrix, p. 90)*

Esse conceito abrange aspectos diferentes ou não integrados em um indivíduo saudável até graves dissociações.

O conceito de "Personalidade Invasora", usado por muitos psicólogos que trabalham com Regressão, também pode ser incluído aqui e verdadeiramente ajudado com a Psicologia dos Raios.

A MORTE

"O instinto de autopreservação tem sua raiz em um inato temor da morte; impelido pela presença desse medo, o homem tem lutado para atingir o atual ponto de longevidade e resistência. (...) A LIBERTAÇÃO de uma alma por meio da doença e da morte não é, necessariamente, uma ocorrência infeliz. Uma melhor e nova atitude diante do fenômeno da morte é essencial..."

(Alice A. Bailey, Morte: A Grande Aventura, *Ed. Fundação Cultural Avatar, p. 39)*

De modo geral, Os Raios pares não temem a morte, muitos a desejam várias vezes em suas vidas, quando estão depressivos. Esses indivíduos preferem ferir a si mesmos do que aos outros; ao mesmo tempo, estendem suas mágoas e suas lutas contra o Divino. Pela exagerada sensibilidade, o 4º Raio e, às vezes o 6º, lembra-se vagamente de uma vida melhor em outro plano ou de cenas vividas em encarnações passadas, e a sensação de estar cumprindo uma tarefa muito penosa é frequente. Personalidades do 2º Raio não "buscam" a morte, mas vivem cada encarnação pensando na vida após a morte. Quando estão em equilíbrio, sabem (e vivenciam isso) que vida e morte são dois lados da mesma moeda. Não se apegam a pessoas, família, países, o mundo todo é sua casa, porque precisam de muito pouco para viver e vivem doando o tempo todo.

A consciência do processo de reencarnação tem muito a ver com o 2º Raio, porque o indivíduo experimenta a vida em diversas culturas e condições sociais, de tudo ele deve aprender um pouco e desapegar-se. Com as vidas sucessivas, aprende-se a ser impessoal e, ao mesmo tempo, estar unido ao TODO.

Indivíduos de 1º e 6º Raios juntos na mesma personalidade, procuram, muitas vezes, a morte como redenção. São suicidas que se devotam a uma causa. O 5º Raio tenta entender cientificamente o processo da morte. O 3º Raio tenta estudar a morte de forma filosófica. O 7º Raio evita-a, como se ela não existisse, ou faz rituais para evitá-la.

O processo da morte

"Para os não evoluídos a morte é, literalmente, um sono e um esquecimento. (...) Para a média dos bons cidadãos a morte é a continuação do processo da vida em sua consciência (...) frequentemente não tem noção de ter passado pelo episódio da morte. Para os corrompidos e cruelmente egoístas, para os criminosos (...) resulta aquela condição que chamamos "presos à terra". (...) Para os aspirantes, a morte é a imediata passagem para uma esfera de serviço (...)."

(Alice Bailey, Morte: A Grande Aventura,
Ed. Fundação Cultural Avatar, p. 27)

No processo da morte, a personalidade retira-se do corpo físico e depois do Etérico. Mais tarde, até o Corpo Astral e o Mental serão destruídos (e com isso a personalidade que o indivíduo teve na última encarnação) para ser reconstruídos em uma próxima existência.

As energias dos Raios que influenciaram aquela vida deixam também de existir. Continua o Raio da Alma por 2 mil anos e o Raio da Mônada para sempre.

CONSIDERAÇÕES SOBRE OS RAIOS

"(...) os sete Raios representam sete caminhos de desenvolvimento, e esses caminhos conduzem todos ao mesmo fim.
São as sete cores do arco-íris, que, ao se fundirem, formam a luz branca. Da fusão, na verdade, das sete energias dos Raios, nasce a luz espiritual, a Realidade Divina, que está latente e potencial em cada um deles."

(Sala Batà)

Os 1º e 5º Raios são semelhantes na arrogância e no materialismo, embora o 1º Raio seja mais arrogante e o 5º mais materialista. Ambos têm também uma incrível força de trabalho e, se ajudados por um sub-Raio como o 7º Raio, poderão materializar coisas incríveis, fazendo a humanidade evoluir tecnologicamente.

Os 2º e 7º Raios são semelhantes na gentileza, consideração pelo outro e valorização do bem-estar do ser humano. Diferem quando o 7º Raio deseja a riqueza material junto com a espiritual, enquanto o 2º Raio só valoriza a riqueza espiritual. Nos dois Raios há embaixadores, embora no 2º Raio sejam poucos, como, por exemplo, Dalai Lama. A maioria apresenta características de 7º e 2º Raios misturados.

Geralmente diz-se que os Raios pares regem o Corpo Astral dos humanos e os ímpares o Corpo Mental e o Físico. Pouco sabemos sobre a regência dos Raios sobre o Duplo-Etérico, que até a metade do século passado era conhecido como Duplo-Astral, por ser semelhante a esse, como um desdobramento. Hoje, é sabido que se trata de um corpo intermediário entre o Físico e o Astral, mas muito difícil de ser diagnosticado com a Psicologia dos Raios.

Quando a superficialidade se junta à futilidade, temos uma personalidade que nunca se torna adulta (aspectos negativos dos 3º e 7º Raios) e se recusa a ver a dor e a finitude do ser humano. Esses indivíduos são egoístas, mas de um modo totalmente diferente do 1º Raio, que mesmo impondo suas ideias e ideais, acredita que está ajudando o outro e a sociedade.

No aspecto positivo, a personalidade de 3º e 7º Raios tende a ser harmoniosa, artística, com muita habilidade manual e refinamento no vestir, comer, enfim, em qualquer atitude, mesmo que nunca tenha aprendido sobre etiquetas sociais.

O 7º Raio é sempre o que dá refinamento ao indivíduo, quando seus aspectos negativos não são atuantes. No aspecto positivo, a aceitação da morte se faz dentro de uma religião.

Um dos aspectos negativos do 7º Raio é idêntico a um negativo do 6º Raio: o fanatismo. Embora possam ter expressões diferentes dentro desse aspecto, o 7º Raio necessita de rituais, enquanto o 6º Raio precisa de seguidores para sua fé.

O DINHEIRO

As personalidades de 1º e 5º Raios são materialistas, tanto nos aspectos positivos como nos negativos. O 5º Raio é chamado o Raio da Ciência Concreta – os cientistas precisam observar os fenômenos para estudá-los, isso não é negativo. Um indivíduo de 1º Raio em uma situação de emergência, como a de um barco afundando, por exemplo, vai agir de forma lógica e concreta, bem como vai liderar os outros indivíduos que não tomam decisões tão rápidas. No aspecto negativo, os indivíduos dos dois Raios trabalharão bastante, mas só para acumular bens. Terão dificuldade para acreditar em uma Energia Superior ou em Deus, assim como em conceitos espirituais, porque esses conceitos não podem passar pelo crivo do concretismo.

Quando uma personalidade possui um Raio par e seus corpos Raios ímpares, ou vice-versa, esse indivíduo estará em conflito (diferentemente do conflito constante do 4º Raio), porque pensa de uma forma e age de outra. Quando essa pessoa não percebe suas incongruências, não há tantos conflitos.

Os Raios pares geralmente não lidam bem com dinheiro. O motivo do 4º Raio é ter sempre alguma coisa mais importante em sua mente, seja sua arte ou conflitos pessoais. O 6º Raio está sempre se dedicando a alguém ou a alguma religião ou ideal e não prioriza o dinheiro também.

O 2º Raio é inadequado com as questões práticas da vida. Tanto o 2º como o 6º Raio trabalhariam sem receber, desde que suas necessidades pessoais fossem cumpridas, o que não é muito, posto que ambos gostam de uma vida simples.

O 7º Raio, por sua vez, gosta do dinheiro e do luxo. Todas as personalidades de Raios ímpares podem se tornar materialistas se não desenvolver aspectos positivos dos Raios Pares.

O SELO DE SALOMÃO

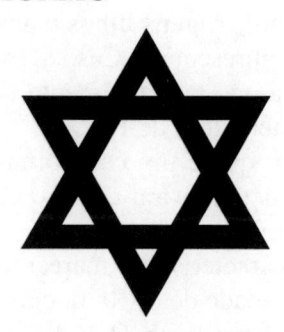

O selo de Salomão poder ser visto assim: no triângulo ascendente temos os três primeiros Raios e no descendente os três últimos. O 4º Raio é o mediador, aquele que separa e une os três primeiros aos três últimos.

O CARMA E OS RAIOS

A profissão de um indivíduo geralmente mostra uma tendência de determinado Raio, mas isso só é real quando o indivíduo faz o que gosta, quando está inteiramente ligado à sua profissão (e não acontece sempre). Isso ocorre porque o Carma muitas vezes não permite que uma pessoa possa escolher livremente sua profissão. O trabalho está relacionado aos Carmas pessoais, familiares, sociais e, muitas vezes, até mesmo a Carmas grupais, como os de uma nação ou raça.

Por exemplo, uma pessoa amorosa, do 2º Raio, está trabalhando com papéis, em vez de trabalhar com pessoas, onde ela se expressaria melhor. De qualquer forma, ela estará receptiva aos seus colegas de trabalho, será paciente e se esforçará para expandir as qualidades de todos os que a rodeiam, embora isso não possa evitar os sentimentos de inadequação e insatisfação profissional.

Conhecendo o Raio da sua personalidade, o indivíduo pode facilmente fazer escolhas profissionais mais adequadas.

CARMAS FAMILIARES

É fácil perceber o Raio Cármico de cada família. Ao serem observadas duas ou três gerações, é possível ver o fio invisível que liga todas as pessoas. Geralmente, é o aspecto negativo dos Raios que percebemos mais. Por exemplo, um avô é claramente uma pessoa de 1º Raio, autoritário e protetor. Alguns filhos mantêm essa característica e netos adultos também a apresentam. Caso alguém se dê ao trabalho de perguntar ao avô, notará que provavelmente um de seus pais também tinha algumas das características de 1º Raio.

A Ciência irá dizer que é um comportamento aprendido, mas a ciência do ocultismo poderá mostrar como o Carma se expressa na genética e no convívio familiar.

Essa família com características marcantes de 1º Raio terá vários indivíduos com personalidade de 6º Raio, que, geralmente, completa o 1º nos relacionamentos neuróticos. O 1º Raio manda e o 6º obedece; o 1º Raio grita e o 6º se cala, e assim por diante. O 6º Raio cuida dos aspectos religiosos da família e o 1º Raio cuida da parte material. Isso não quer dizer que personalidades de 6º Raio não sejam provedoras, mas se houver uma pessoa de Raio ímpar fazendo isso, pessoas do 6º Raio se acomodam.

Uma família com aspectos do 3º Raio poderá ter gerações de indivíduos fofoqueiros e superficiais. Outra com influência do 7º Raio, por exemplo, poderá ser do tipo alegre, ligada a festas e manifestações físicas de apreciação, ou gerar indivíduos obsessivo-compulsivos.

FINAL DA ERA DE PEIXES E INÍCIO DA ERA DE AQUÁRIO

"Há um tempo, certo Raio poderá estar em manifestação e ser, assim, de capital influência e, entretanto, ao mesmo tempo, ainda um outro Raio poderá governar um ciclo maior – um ciclo do qual o Raio sob consideração poderá ser somente um aspecto temporário. Por exemplo, o 7º Raio da Organização Cerimonial está entrando agora, e o 6º Raio da Devoção não desaparecerá inteiramente antes de 21 mil anos."

(Alice A. Bailey, Psicologia Esotérica, Vol. I, p. 166)

A Era de Peixes foi marcada pela atuação do 6º Raio no planeta, trazendo à encarnação muitas almas com essa expressão. Agora que a Era de Aquário teve início, aumentam as expressões (de Alma e de Personalidade) do 7º Raio.

O 6º Raio estava no início quando começou a Era Cristã e agora, no novo milênio, o 7º Raio já se manifesta completamente.

O Raio do Cerimonial Ativo é muitas vezes mal-interpretado. Esse Raio, que permanecerá ativo por 2 mil anos, tem em seu aspecto negativo superstições, crendices, rituais, religiões novas e outras milenares que, de modo geral, usam os cerimoniais com exagero, o que leva muitas mentes confusas ao fanatismo. Mas o 7º Raio é, principalmente, ordem e ritmo, coisas das quais o Universo e o ser humano não podem prescindir.

Os sete sub-Raios se repetem em ciclos dentro de um grande Raio. Os sub-Raios influenciam o planeta durante determinado tempo e a influência de um deles é maior quando coincide com o mesmo aspecto do Grande Raio. Países, épocas e pessoas são influenciadas pelas energias desses Raios.

> "(...) os sete Raios são sete diferenciações de um grande Raio cósmico, efetuados no próprio ser do nosso Logos Solar, antes que Ele houvesse dado início à sua Criação."
>
> *(Alice A. Bailey*, Psicologia Esotérica, *Vol. I, p. 147)*

OS RAIOS E A PERSONALIDADE

Segundo Alice Bailey, o conflito entre a alma e a personalidade apresenta três fases:

"a) A fase de uma vida de personalidade dominante e agressiva, basicamente condicionada pelo seu tipo de Raio, egoísta por natureza e muito individualista.

b) Uma fase de transição, em que se trava violenta luta entre a personalidade e a alma. A alma começa a procurar libertar-se da vida da forma e, contudo, em última análise, a personalidade depende do princípio da vida, conferido pela alma. Em outras palavras, o conflito entre o Raio da Alma e o Raio da Personalidade tem início (...).

c) O controle, pela alma, é a fase final, que conduz à morte e destruição da personalidade. Essa morte começa quando a personalidade, o Morador do Umbral, se apresenta diante do Anjo da Presença. A luz do Anjo Solar então ofusca a luz da matéria".

A ORAÇÃO E O RAIO DE SUA PERSONALIDADE:

(Defina melhor esse Raio)
Quando você deseja muito uma coisa, o que você faz para obtê-la?
Vamos supor que você só tenha duas opções: Orar ou Agir.

1) Orar para consegui-la:
   a) Ora com fé, com uma oração conhecida na infância e/ou dentro de uma religião (6º Raio).
   b) Ora mentalmente e com certeza da graça recebida (2º Raio).
   c) Aceita a resposta do Eu Superior, mesmo que não receba a graça esperada (2º Raio).
   d) Ora, mas duvida de sua fé (4º Raio).
   e) Ora, esperando que alguém aja por você (6º Raio).
   f) Ora com rituais (7º Raio).

2) Agir para consegui-la:
   a) Sonha com a ação, mas não age (4º Raio).
   b) Analisa os prós e os contras antes de agir (3º Raio).
   c) Age impulsivamente (1º Raio).
   d) Faz tudo para obter o que deseja (1º Raio).
   e) Analisa bem a situação, traça planos para chegar até seus objetivos e age para isso (5º Raio).
   f) Analisa bem a situação, traça planos para alcançar seus objetivos, mas não age (3º + 4º Raios).
   g) Age metodicamente para atingir seus objetivos (7º Raio).
   h) Necessita de rituais para sentir ouvido pelo Plano Espiritual. (7º Raio).

3) Muitos indivíduos de 1º e 5º Raios não oram.

Os Raios pares tendem a orar primeiro e agir depois. Os Raios ímpares tendem a agir primeiro, especialmente indivíduos de 1º Raio. O 7º Raio junta a oração à ação.

CORRESPONDÊNCIA DOS RAIOS COM PLANOS E RELIGIÕES

Religiões:
1º Raio: Hinduísmo.
2º Raio: Budismo.
3º Raio: Judaísmo (modificado pelo 7º Raio), Caldeia.

4º Raio: Egípcia (modificado pelo 7º Raio).
5º Raio: Zoroastriana.
6º Raio: Todas as religiões cristãs.
7º Raio: Umbanda + aspectos ritualísticos de todas as religiões, seitas e confrarias (Maçonaria, por exemplo).

Planos:
1º Raio: Mônada-Atma.
2º Raio: Buddhi-Alma.
3º Raio: Manas-Mente.
4º Raio: A ponte entre o Eu Superior e a personalidade.
5º Raio: Manas inferior.
6º Raio: Corpo Astral.
7º Raio: Corpo Físico.

O "EU SOU" E OS SETE RAIOS

O Corpo Causal é um corpo de luz, envolvido por sete energias de cores diferentes. A jornada da Mônada manifestada (Alma) passa pelas sete cores, que são sete tipos de energia cósmica disponíveis ao ser individuado para sua experiência terrena.

Com o passar dos milênios, a consciência crística vai adicionando a cor de cada experiência bem-sucedida. Normalmente, esse processo levaria 2 mil anos em cada energia colorida, mas os seres humanos têm levado muito mais tempo para assimilar e desenvolver as qualidades de cada Raio.

OS CICLOS

A alma funciona em sete ciclos de aproximadamente 2 mil anos, sendo regida nesse período por um Raio Cósmico de Energia, que, ao completar sua tarefa, guarda no Corpo Causal ("Templo da Alma") a essência dessa tarefa. Isso ocorre quando sua expressão humana, a personalidade, torna-se Mestre naquele Raio.

Quando o ser consegue se tornar um Mestre em todos os Raios, ao preencher todas as cores de seu Corpo Causal, ele se torna um Avatar, ou Senhor do Mundo, como são Mestre Buda e Mestre Jesus, entre outros.

Qualquer ser humano pode se tornar um Mestre e dirigir uma determinada Energia, a qual chamamos Raio.

Cada indivíduo desenvolve sua maestria através dos milênios, acumulando determinada energia em cada Raio do seu Corpo Causal. Esse corpo mantém as faixas coloridas dos Sete Raios, que são preenchidas de energia a cada encarnação.

Depois que a presença "Eu Sou" passa pelas sete esferas coloridas, ela está apta para encarnar em um planeta concreto.

Nessa medida, ela começa a colorir seu Corpo Causal; a largura dessas "faixas" coloridas indica ao Manu da Raça se o indivíduo terminou sua tarefa específica naquele Raio de Energia.

Para alguns autores, o registro de todas essas vidas é chamado de Alma e é diferente do Eu Superior. Para outros, Alma, Eu Superior ou Espírito são diferentes nomes para a mesma Energia.

Para A. Bailey, a Alma é um "ser consciente, uma entidade espiritual, a totalidade da natureza psíquica".

Na Árvore da Vida, o corpo físico é Malkuth, a décima Sephira. O Duplo Etérico é Yesod e o Corpo Mental é Hod. A personalidade é formada de todos esses corpos mais uma parte de Netzah, onde se situa o inconsciente coletivo.

O inconsciente individual é formado pelo corpo astral.

Os corpos internos foram planejados para ser instrumentos do Eu Maior e o corpo físico sua completa expressão.

A Alma, ou Eu Superior, é associada ao Sol da Árvore da Vida – Tiphareth.

CAUSAS PRIMÁRIAS E SECUNDÁRIAS

Os Raios Cósmicos são frequências de ondas de Luz, distintas pelo som e pela cor.

Mebes coloca as Três Causas Primárias e as Sete Causas Secundárias como um conhecimento legado à humanidade pelos rosacrucianos. Sabemos que essas causas, tanto primárias como secundárias, são os Sete Raios como os conhecemos hoje, e que conhecimento já existia há milhares de anos.

> "Um rosacruciano deve assemelhar-se ao terceiro símbolo que consta no Pentáculo da Rosacruz – o Pelicano, cujas asas permanecem abertas e que, sacrificando-se por seus filhotes, alimenta-os com seu próprio corpo – seu sangue e sua carne.
> No emblema, os filhotes do Pelicano são de **cores diferentes**. Nos emblemas primitivos havia apenas três filhotes, que simbolizavam as três

Causas Primordiais; nos emblemas posteriores há sete, simbolizando as Sete Causas Secundárias, sendo cada um dos filhotes de uma cor planetária diferente. Isso indica que o sacrifício deve ser feito conforme a **ciência das cores**, ou seja, cada um dos filhotes necessita de um tratamento específico."

(G. O. Mebes, Arcanos Maiores do Tarô, *p. 239)*

O esoterismo acredita que as energias de 1º, 2º e 3º Raios foram as primeiras emanações das Mônadas e dentro dessas energias foram criados alguns Sistemas Solares. Nos sete Raios Secundários, outros sóis e planetas, inclusive o nosso (3º Raio), foram criados. Esses Raios regem nossas sucessivas vidas através das encarnações.

"A Mônada é Vida, vivida em uníssono com a Vida dos Sete Raios. Uma Mônada, Sete Raios e miríades de formas – esta é a estrutura dos mundos manifestados."

(Alice A. Bailey, Psicologia Esotérica*)*

Os seres humanos funcionam dentro dessa energia de Raios, porque somos Mônadas subdivididas e em aprendizagem pelo plano físico. Só existem Mônadas de 1º, 2º e 3º Raios e esses Raios se subdividiram em sete Raios, para experenciar a vida na matéria.

O Homem é um ser sétuplo que se desenvolve gradualmente. Cada Plano e cada Corpo do Homem pode ser regido pela energia de um Raio, que como os planetas o influenciam nessa evolução.

As Três Causas Primárias são os três Raios a que todas as Mônadas pertencem. As Sete Causas Secundárias são os sete Raios manifestados no nosso Sistema Solar:

1º Raio: elemento neutro.
2º Raio: elemento ser (+).
3º Raio: elemento saber (-).

Os sete Raios secundários foram associados na Antiguidade com os sete planetas conhecidos na época. Os estudiosos perceberam que cada planeta "empresta" alguma característica aos seres humanos. Cada planeta tem seu Corpo Físico, Astral e Mental, seu Anjo Protetor ou Guardião e seu Mestre Espiritual. O Anjo Planetário é responsável pela reencarnação dos seres no planeta (processo evolutivo), é diretamente responsável pelo aspecto físico dos seres e localização geográfica dessa reencarnação.

Essa involução na matéria serve aos propósitos superiores, isso acontece com o próprio planeta nas transformações geográficas e com o homem ao longo do processo da morte e reencarnação.

Evidentemente, em cada encarnação estamos vivendo mais intensamente um sub-Raio e trabalhando seus aspectos de influência (positivos e negativos). Por exemplo, ascendentes como Sagitário e Peixes, provavelmente, vivenciam aspectos do 6º Raio e suas personalidades tende a ter influência desse Raio da Devoção. Mas, enquanto Netuno é a expressão exata do 6º Raio, Júpiter é a expressão do 1º (e também revela a Bondade do 2º Raio), então o 6º Raio de Peixes não tem todas as características do 6º Raio de Sagitário. Em Sagitário há uma tendência para doar-se aos outros, todavia há o sentimento de ordem, de dedicação à Justiça modificado por Júpiter. É a posição desse planeta no mapa natal que vai decidir a atuação do Raio. Por exemplo, Júpiter no ascendente ou no meio do céu são indicações claras de atuação do 1º Raio.

OS SETE CORPOS DO HOMEM

1. **Corpo Eletrônico:** (Mônadas). Células de energia, no princípio eram indivisíveis, mas que depois se dividiram para evoluir e experenciar a vida na matéria.
2. **Corpo Causal:** Um corpo de energia criado branco, mas que vai se colorindo com faixas, conforme a presença "Eu Sou" vai assimilando a experiência na matéria através de seus corpos inferiores e vai "colorindo" cada faixa com os aspectos positivos dessas experiências. (As cores dos Raios.)
3. **O Eu Sou:** (Alma ou Espírito). Está entre os corpos inferiores e a Mônada. Em muitas religiões é chamado de Anjo da Guarda, mas é nosso "Eu" verdadeiro. Antigamente, os esotéricos o chamavam de Corpo Mental Superior.
4. **Corpo Mental:** Esse é o corpo que serve à Consciência Crística e rege os outros corpos inferiores. Ele deveria ser um receptáculo dos influxos superiores, mas, às vezes, capta os desejos do Astral e não pode controlá-los. Nesses casos passa de servidor espiritualizado a mestre da matéria.
5. **Corpo Emocional ou Astral:** Trata-se do corpo dos sentimentos, das sensações; é o maior dos corpos inferiores. Sua tarefa é trazer para a matéria a Energia Divina captada pelo Mental.

Para o homem comum o desejo está mais perto da ação do que a Vontade.
6. **Corpo Etérico:** Antigamente era conhecido como duplo-etérico, porque não o diferenciavam do Corpo Astral. Esse corpo contém um registro de nossas ações, sentimentos e pensamentos. Quando desencarnamos, ele leva essas memórias até uma espécie de computador cósmico chamado Akasha, onde essas informações são acrescentadas às memórias de outras vidas. O Akasha contém a memória do toda a humanidade. Muitos autores dizem que o corpo etérico morre mais ou menos 40 dias após a morte do corpo físico.
7. **Corpo Físico:** É o corpo denso que serve de instrumento para a aprendizagem de todos os corpos. É o que experimenta a vida na matéria de forma mais concreta. Ele atua de dois modos, ao concretizar os elementos encarnados pelos outros corpos e sutilizar a matéria.

RAIOS E CORPOS

Raios Primários (influência nos corpos humanos):
1º Raio – Mônada 1º Raio: Corpo Mental.
2º Raio – Alma 2º Raio (todos os pares): Corpo Astral.
3º Raio – Personalidade 3º Raio: Corpo Físico.
Todas as Mônadas originam-se dentro do 1º Raio.

De modo geral, todos os corpos do plano mental sofrem influência do 1º Raio, todas as almas sofrem influência do 2º Raio e todas as personalidades sofrem influência do 3º Raio; e os Corpos Físicos a influência do 7º Raio.

Cada corpo é regido por um Raio principal e por alguns secundários (teoricamente, qualquer um dos outros seis). Na prática, nunca encontrei mais de dois Raios secundários ou sub-Raios acompanhando o Raio principal de cada corpo ou personalidade.

A descoberta do Raio da Alma é um processo individual e nenhum terapeuta ou qualquer outra pessoa poderá dizer ao indivíduo qual é o Raio de sua Alma.

Alguns autores antigos diziam que o Raio da Alma se repetia no Corpo Astral, mas não há dados para isso; mesmo porque os Raios dos Corpos Inferiores mudam de vida para vida, e muitas vezes em uma mesma existência, enquanto o Raio da Alma perdura por 2 mil anos até um novo Raio assumi-la.

A primeira pergunta que o aluno deve se fazer é: "Sou regido(a) mais pelo Amor, pela Vontade ou pela Inteligência Ativa?". Este é um parâmetro para começar a definir o Raio da Personalidade, porque é o mais aparente.

Pode acontecer que o indivíduo seja regido, por exemplo, pelo 5º Raio na personalidade, então nenhuma dessas respostas é satisfatória, mas ele já imprimiu um caminho: "uso a inteligência, sou racional, não sou amoroso, não imponho minha vontade, embora eu seja firme nas minhas convicções", etc.

A profissão do indivíduo e interesses também são dados para localizar os Raios.

O Corpo Causal possui sete faixas concêntricas coloridas. A largura dessas faixas revela as qualidades adquiridas em cada Raio.

O Raio que governa a Mônada reflete de algum modo sobre o corpo Mental. O Raio que governa a Alma age sobre o Corpo Astral.

O Raio que governa a personalidade age sobre o Corpo Físico.

OS RAIOS E OS ANIMAIS

Há muita confusão quando se fala sobre a influência dos Raios qualificando esse reino. Primeiramente, é bom deixar claro que os animais não têm uma alma individual; suas almas são grupais. Eles têm um corpo físico, um corpo etérico (parte astral) e alguns que estão se individualizando nos últimos milênios, possuem um princípio de corpo mental.

> "A relação entre os animais e o homem, em todas as longas eras passadas, tem sido meramente física. Os animais atacavam os homens nos dias em que o homem-animal se encontrava pouco distanciado deles."
>
> *(Alice Bailey)*

Naquela época, os homens eram indefesos diante dos animais; hoje geralmente é o contrário. Os animais selvagens e ferozes estão diminuindo com a saída do 6º Raio e a entrada do 7º Raio.

> "Nos dias da Atlântida, a relação meramente física foi temperada por uma relação astral ou emocional, quando os animais foram incorporados à órbita da vida humana e foram amansados e cuidados, e apareceram, pela primeira vez, os animais domésticos. (...) Isto teve início durante um ciclo em que os 2º e 6º Raios estavam simultaneamente em atividade. (...) Não haverá muito progresso durante o próximo ciclo do 7º Raio, embora uma vez que a

lei, a ordem e o 7º Raio tenham sido impostos ao planeta, e o caos dê lugar à organização, as áreas do planeta onde os animais ainda dominam serão progressivamente diminuídas e certas espécies serão extintas, a menos que sejam preservadas em reservas."

(Alice Bailey, Psicologia Esotérica, *Fundação Cultural Avatar, p. 229)*

Segundo os esoteristas há muito salientaram, a individualização é o grande experimento planetário e, quando foi instituída, suplantou o método anterior, empregado na Lua, no qual o desejo de progredir e ascender (chamado aspiração, no que concerne ao homem) era o método empregado.

Como a vida se expressa e evolui por meio de Reinos, a vida animal também evolui. Cada ser humano relaciona-se com esse reino conforme o Raio de sua personalidade.

A individualização dos animais depende também do Raio das pessoas com quem esses animais convivem, o Raio do próprio animal e o Raio que está atuando sobre o planeta.

O RAIO DO EU SUPERIOR

"A alma do homem, o Eu Superior, está unida com a alma do Universo, a Mente-do-Mundo, ou nele enraizada."

(Paul Brunton)

Assagioli diz que quando o indivíduo reconhece seu Eu Superior, pode mais facilmente reconstruir sua personalidade. Essa nova imagem será mais verdadeira.

O Eu Superior é definido como um centro ordenador ou centelha divina, enfim um centro de pura consciência.

O Raio do Eu Superior não pode ser acessado. Apenas o próprio indivíduo pode lançar uma hipótese sobre a qualidade desse Raio.

"Que pretensão – ou descabida afoiteza – poderia nos levar a fantasiar que se possa – e, antes de mais nada, que se necessite – intervir nos corpos superiores do ser humano? (Quem estiver agoniado para tratar imperfeições, pode se dirigir aos quatro corpos da personalidade – e não vai achar tempo, em uma vida, de descobrir todas as patologias que eles são capazes de conter).

(Ramatis)

RAIOS DA ALMA

"A alma humana é uma síntese de energia material, qualificada pela consciência inteligente, mais a energia espiritual, que é, por sua vez, qualificada por um dos sete tipos de Raio. (...) O propósito de cada Vida de Raio pode ser sentido e definido, sujeito, naturalmente, às limitações da mente humana e à inadequação das palavras. A atividade planejada de cada Raio qualifica toda forma encontrada em seu corpo de manifestação.

1. Os egos de todos os seres humanos (alma) encontram-se em algum dos Sete Raios;
2. Todos os egos do 4º, 5º, 6º e 7º Raios, depois da terceira iniciação, devem unir-se aos três Raios principais, ou Raios monádicos;
3. O Raio Monádico de cada ego é um dos três Raios de aspecto, e os filhos dos homens ou são Mônadas do poder, Mônadas do amor ou Mônadas da inteligência;
4. Durante a maior parte de nossa vida e experiências racionais somos governados em sequência, e depois simultaneamente:

    a. Pelo Corpo Físico, o qual é dominado pelo Raio que governa a totalidade dos átomos desse corpo;
    b. Pela natureza emocional do desejo, que é influenciada e controlada pelo Raio que colore a totalidade dos átomos astrais;
    c. Pelo corpo ou natureza mental, e o calibre e qualidade do Raio que determina seu valor atômico;
    d. Mais tarde, no plano físico, o Raio da Alma começa a trabalhar no interior e com a totalidade dos três corpos, os quais constituem – quando alinhado e funcionando em uníssono – a personalidade. O efeito dessa integração geral é produzir ativamente uma encarnação e encarnações nas quais o Raio da personalidade emerja com clareza e os três corpos constituam os três aspectos ou Raios do eu inferior.

5. Quando o Raio da Personalidade se torna dominante e os Raios dos três corpos se subordinam a ele, surge então a grande luta entre o Raio Egoico e o Raio da personalidade. A diferenciação revela-se nitidamente e o sentido da dualidade estabelece-se mais definitivamente.
6. Por fim, o Raio da Alma torna-se o fator dominante e os Raios dos corpos inferiores transformam-se em sub-Raios deste Raio controlador. Esta última frase é de importância básica, pois indica a verdadeira relação da personalidade com o ego ou alma. O discípulo que compreende esta relação, e a ela se conforma, está pronto para trilhar o caminho da iniciação."

(Alice Bailey)

Dentro de cada célula do Corpo Físico há uma ligação com a Alma. Geralmente, o Raio da Personalidade domina e os Raios dos outros corpos se submetem. Quando o Raio da Alma domina (raro), o Raio da Personalidade se submete a ele e o indivíduo evolui.

> "O amor começa a manifestar-se na Alma sob seu aspecto mais pobre, sob seu aspecto inferior, quando ela começa a progredir. (...) Quando a alma se faz mais elevada, o amor transforma seu aspecto, faz-se mais nobre, menos egoísta."

(Annie Besant)

As almas não evoluem todas da mesma maneira. Há sete tipos de almas regidas por sete tipos de Raio. Cada uma evolui dentro dos aspectos de seu Raio.

Almas de 1º Raio aprendem a ser severas consigo mesmas, mas segundo esotéricos antigos, não há muitas almas desse tipo encarnadas.

Quando Annie Besant fala de almas em evolução, descreve algumas características de almas de 3º, 2º e 1º Raio.

2º Raio: "(...) dedica-se novamente ao trabalho para purificar aquela parte de personalismo que ainda permanece ali, até que o amor flua para o exterior, jamais desejando saber se há ali, uma resposta. Porque a Alma sabe que a necessidade de amor é mais premente onde não há resposta ao amor, e sabe que as almas mais necessitadas de receber amor são as que não retribuem, de modo nenhum, ao amor que as auxilia".

Esse tipo de doação incondicional é muito particular da Alma de 2º Raio; embora todas as Almas tenham um pouco dessa característica.

1º Raio: "(...) a Alma trabalha de maneira deliberada para evoluir (...) purificando sempre sua natureza inferior com incansável esforço e incessante exigência. (...) Não pode repousar nem por um momento, não pode estar jamais satisfeita, enquanto não se vir chegando cada vez mais perto de sua meta, até que exista dentro de si menos oposição para dar passagem à luz que vem dos Sagrados que se tornaram divinos".

3º Raio: "O candidato deve levar consigo o amor que perdeu seu exclusivismo. É o amor que deve manter seu fogo sempre ardendo, mais aquecido, mas esse calor deve espalhar-se cada vez mais amplamente, e estar depurado de tudo quanto se refere à natureza inferior. (...) Irá se tornando Divino em sua essência, espalhando-se na medida em que for necessário". (Annie Besant, *Do Recinto Externo ao Santuário Interno*, Ed. Pensamento, p. 29)

As almas de 4º Raio aprendem a amar de forma menos sensual e mais pura. As de 5º Raio evoluem ao ajudar a ciência, doar seu tempo e seu amor onde havia lógica fria e isolamento.

As almas de 6º Raio aprendem que seu amor não aprisiona e lentamente incluem mais pessoas no seu processo de amor. A família amplia-se e abarca seres de outros credos e raças.

Almas de 7º Raio lentamente deixam a necessidade do ritual para, com auxílio do amor e só do amor, acessar o Divino. Tudo se torna sagrado e tudo é Amor.

A CHAVE PARA O EQUILÍBRIO DE CADA RAIO

O 1º Raio se equilibra com o 2º Raio e vice-versa.

O 4º Raio tende a equilibrar todos os Raios por intermédio da Arte. Os aspectos negativos do 4º Raio são resolvidos com os positivos do 1º ou 7º Raios.

O desequilíbrio do 5º Raio é corrigido com os aspectos positivos do 2º Raio.

Os desequilíbrios do 3º e 7º são curados pelos aspectos positivos do 6º Raio.

Os desequilíbrios do 6º Raio não podem ser ajustados com os aspectos positivos do 1º Raio, pelo menos não diretamente. A união de 1º e 6º Raios quase sempre ressalta os aspectos ruins dos dois Raios (imposição, violência, fanatismo). Portanto, a inclusão do 4º Raio em um primeiro passo é sempre bem-vinda; depois deve-se incluir qualidades do 5º Raio e só então acrescentar algumas características do 1º e/ou 7º Raio.

Veja Tabela dos aspectos negativos dos Raios e dos planetas.

Aspectos negativos dos Raios ímpares, em geral, podem ser equilibrados com aspectos positivos de seus próprios Raios ou dos Raios pares.

Mais de 20 anos de prática no trabalho com a Psicologia dos Raios ensinaram-me a focar mais profundamente essa ajuda.

ESPECIFICANDO OS MELHORES RAIOS PARA O EQUILÍBRIO

Negativo do 1º Raio: Positivo do 1º Raio/ Positivo do 2º Raio.
Negativo do 2º Raio: Positivo do 1º Raio/ Positivo dos 1º Raio e 5º Raios.
Negativo do 3º Raio: Positivo dos 7º, 6º e 5º Raios.
Negativo do 4º Raio: Positivo dos 1º, 5º, 6º e 7º Raios.
Negativo do 5º Raio: Positivo dos 2º e 6º Raios.
Negativo do 6º Raio: Positivo dos 2º e 5º Raios.
Negativo do 7º Raio: Positivo dos 2º e 3º Raios.

10

Astrologia:
os Planetas e Suas Influências

"Os Raios são a base da Psicologia no futuro, e neles se fundará o conhecimento do homem. Aquilo que designamos como Raios são expressões de energia, e dizer que somos expressões de Raios significa que existimos como manifestação dessas energias. Cada um de nós, cada planeta, cada sistema solar é expressão de Raios."

(Trigueirinho, A Energia dos Raios em Nossa Vida, *Ed. Pensamento)*

SOL

"O signo do Sol representa os fatores que são a essência do indivíduo – uma dádiva – que torna a pessoa singularmente única. (...) Como uma planta que floresce, precisamos aprender a nos dirigirmos para os Raios do Sol, mantendo-nos, ao mesmo tempo, firmemente enraizados no lugar que se tornará o centro do ser."

(Martin Schulman, Roda da fortuna, *Ed. Agora, p. 11)*

A doação do Sol no Plano Físico gera tendências artísticas; no Plano Mental produz abundância de projetos, inclusive artísticos; no Plano Astral, cria o desejo sincero de ajudar pessoas.

A localização do Sol no Mapa Astral revela o caráter e a força de vontade do indivíduo. Além disso, seus aspectos falam sobre saúde física e longevidade. Onde está o Sol está o brilho do indivíduo, sua tarefa espiritual para essa vida.

LUA

"A Lua representa o suporte emocional da pessoa, a base de seus sentimentos pessoais profundos, na verdade um receptáculo, bem semelhante ao inconsciente pessoal."

(Arthur Dione, Jung e Astrologia, Ed. Nova Fronteira, p. 63)

A sensibilidade da Lua no Plano Mental traz intuição; sujeita o indivíduo a muitas influências no Plano Astral e, no Plano Físico, traz clarividência.

O signo onde está a Lua no Mapa Astral revela como o indivíduo age instintivamente. Para o esoterismo, o lugar da Lua no Mapa mostra como o indivíduo funcionava em uma vida passada. Além disso, a Lua representa o inconsciente e a figura materna.

MERCÚRIO

"Ele simboliza a energia de todo pensamento que surge na mente consciente. No decorrer de um único dia, milhares de pensamentos fluem através de nossa consciência. Mercúrio é o filtro de alta qualidade, por meio do qual somos capazes de rejeitar ou aceitar os pensamentos (...)."

(Martin Schulman, O Carma do Agora, Astrologia Cármica IV, p. 59)

A flexibilidade de Mercúrio no Plano Físico atua sobre o indivíduo e o adapta às mudanças. No Plano Mental, confere adaptabilidade e no Plano Astral torna os desejos flexíveis.

A posição de Mercúrio no Mapa Astrológico é o lugar onde o indivíduo se adapta, encontra energia mental, gosto por viagens, desafios intelectuais, interesse por livros, cursos e habilidade manual.

VÊNUS

"Vênus é a capacidade de amar, de relacionamento e contato com as pessoas, é arte com resposta estética instintiva. A vibração desse planeta é que leva os seres humanos a relacionarem-se harmoniosamente uns com os outros, assegurando uma evolução pessoal."

(Anna Maria da Costa Ribeiro, Conhecimento da Astrologia, Ed. Hipocampo, *terceira edição, p. 128)*

O amor de Vênus espalha atração em todos os Planos. No Mental, gera amor pelo planeta e pela Natureza. No Plano Astral, amor de amizade e outros de natureza pessoal. No Físico, amor ao belo, às formas e a outro ser humano, quase como uma posse ou uma necessidade de completude.

A localização de Vênus no Mapa indica como o indivíduo lida com a harmonia e a beleza em sua vida e como ele se relaciona com os outros. No Mapa do homem revela o perfil da mulher que ele quer para si. No Mapa da mulher mostra como ela se relaciona com o sexo oposto.

MARTE

"Em seu nível natural, Marte não questiona ou analisa – ele age. E, por intermédio da ação que o homem atinge um estado de ser. A todo momento ele está sendo."

(Martin Schulman, O Carma do Agora, *Astrologia Cármica IV, p. 70)*

"(...) o Marte verdadeiro não abusa de suas energias, nem segue o caminho dos outros, vai só e direto no seu objetivo, tornando-se melhor e mais forte. É a autopreservação. O seu lugar no mapa mostra onde se age com estímulo (...) onde a pessoa expressa seus desejos e coloca sua energia."

(Anna Maria da Costa Ribeiro, Conhecimento da Astrologia, Ed. Hipocampo, *terceira edição, p. 132)*

Que os planetas influenciam o ser humano já se sabe desde a Antiguidade, mas Mebes especificou essa influência sobre os corpos internos do homem. A impulsividade de Marte, por exemplo, no Plano Mental, acelera os processos mentais. No Plano Físico, esses impulsos podem se tornar ações agressivas ou inadequadas (enquanto Mercúrio empresta ao indivíduo um jogo de palavras e facilidade nos relacionamentos sociais). No Plano Astral, incentiva a coragem.

O lugar em que o indivíduo tem o planeta Marte em seu Mapa é onde ele trabalha sua força, coragem, capacidade de empreendimento e liderança.

Conhecido como o planeta vermelho, por conta da superfície ser repleta de óxido de ferro, Marte tem dois satélites: Deimos e Fobos.

Na Mitologia, era o deus das guerras.

JÚPITER

"A função de Júpiter está tão envolvida na participação social que esse planeta pode ser interpretado como função social básica."

(Dane Rudhyar, Um Estudo Astrológico dos Complexos Psicológicos,
Ed. Pensamento, p. 50)

A autoridade de Júpiter ensina métodos, no Plano Mental; no Plano Astral, essa energia mantém a autoridade para dar-lhe forma; no Plano Físico, desenvolve senso de justiça e respeito às leis.

A localização de Júpiter no Mapa Astrológico revela onde pode existir abundância, religiosidade e filosofia. Júpiter é o doador de nossas benesses espirituais e materiais.

SATURNO

"A pobre humanidade, gemendo sob os golpes que recebe de Saturno, condena a sua influência como nefasta e o considera um deus maléfico. Porém, ele apresenta semelhança com Pedro, o guarda da entrada, que impede a penetração no céu da alma que não foi purificada (...)."

(Rosabis Camaysar, Iniciação à Astrologia Esotérica,
Ed. Pensamento, p. 121)

A severidade de Saturno no Plano Mental traz a lógica; no Plano Físico, a melancolia; no Plano Astral, as restrições do Carma.

Saturno, por ser um planeta lento, não marca no mapa características individuais, mas sim afeta toda uma geração. Onde ele aparece no Mapa marca o que deve ser aprendido com as leis do Carma. O signo no qual ele se situa pode sugerir uma profissão. Esse planeta ensina sobre o tempo e sobre responsabilidades.

URANO

"(...) os dois maléficos, Urano e Saturno, servem para despertar a alma, sendo, por assim dizer, os meios de desenvolvimento e conservação da vida espiritual (...). Urano é denominado 'o despertador', porque produz o insucesso e a queda, os quais ensinam mais do que a vitória, pois retemperam a alma e a preparam para um combate maior, para uma conquista mais penosa."

(Rosabis Camaysar, Iniciação à Astrologia Esotérica, Ed. *Pensamento, p. 128)*

Mebes só trabalha com os planetas antigos. Urano (1781), Netuno (1846) e Plutão (1930) foram descobertos depois e foram chamados de "novos planetas".

Urano, no Plano Mental traz amplitude de ideias e ideais; no Plano Astral afasta os preconceitos e no Plano Físico traz independência.

A posição de Urano no Mapa Astral é onde o indivíduo lida com o inesperado, com Astrologia Metafísica e ocultismo. É onde a mente se abre para o novo, sem barreiras, sem preconceitos; é onde o indivíduo exerce sua individualidade e originalidade.

NETUNO

"As qualidades básicas de Netuno são: a inspiração, o amor, nas mais elevadas manifestações, e a sensibilidade superior, que transcende das emoções e sensações da matéria."

(Bel-Adar, Manual Prático de Astrologia, Ed. *Pensamento, p. 102)*

No Plano Mental, Netuno traz inspiração e criatividade; no Plano Astral há tendência a vícios; no Plano Físico, dependência.

PLUTÃO

"Em todos os Mapas Plutão representa o Carma do indivíduo e sua localização na casa traz uma lição necessária para o desenvolvimento da alma. Plutão é considerado o guardião da alma e está relacionado com poderes ocultos obtidos por meio da autodisciplina. Esses poderes giram em torno da intuição e da compaixão que, quando aprendida com auxílio desse planeta, capacita o indivíduo a conquistar o conhecimento espiritual."

(Donald H. Yott, Planetas Retrógrados e Reencarnação, *Ed. Pensamento, p. 115)*

Plutão, no Plano Físico, traz necessidade de transformações; no Plano Astral, sentimentos de autossuficiência; no Plano Mental, a necessidade de ser profundo nos estudos e mente investigativa.

Seu lugar no Mapa Astral revela onde o indivíduo possui uma força de destruição e reconstrução, bem como onde seu Carma pessoal se encontra com Carma planetário.

Plutão é associado à Psicanálise, à transformação, à energia sexual e à cura.

Para a ciência, Plutão não é mais um planeta.

OS 7 PLANETAS ANTIGOS – MITOLOGIA

O Sol

Mitologia: Aton e Rá, para os egípcios. Enquanto Rá simboliza as antigas crenças, Aton foi de uma evolução imensa para aquele povo que adorava tantas divindades. A evolução foi tão grande que Akenaton (o rei deus Sol) foi perseguido e seu culto (do deus único a partir do Sol) foi banido do Alto e do Baixo Egito.

Para os gregos, o Sol era Hélios (e depois Apolo), tinha a tarefa de trazer luz para os homens. Para os persas era Mitra, para os hindus Brahma.

Simboliza: expressão artística, calor humano, energia, vitalidade, paternidade, proteção.

A Lua

Embora seja um satélite da Terra, para a Astrologia, a Lua é um planeta.

Mitologia: A Lua é mãe ou irmã do Sol. Representa a mãe da Terra, a fertilidade. Selene, para os gregos, e Iris, para os egípcios. É o feminino. Protegia os partos e a agricultura. Às vezes ela é Hecate, o aspecto mais obscuro da Lua, que envolve magias e encantamentos.

Simboliza: os sonhos, o arquétipo da mãe, da fertilidade, sensibilidade, ocultismo e memória.

Mercúrio

Mitologia: Hermes Trismegisto, pai das ciências; Thot no Egito. Na Grécia, Mercúrio era filho de Zeus e Maia; mostrou grande inteligência e perspicácia desde o nascimento.

"Mercúrio saiu pelo mundo e foi à Tessália, onde estavam os mais belos rebanhos, e roubou os rebanhos de Admeto que Apolo estava guardando. Apagou os traços do roubo, subornou as testemunhas, sacrificou duas novilhas aos deuses, matou uma tartaruga da qual fez uma lira, escondeu o gado e voltou ao berço como se nada tivesse acontecido."

(Anna Maria da Costa Ribeiro, Conhecimento da Astrologia, Ed. Hipocampo, p. 120)

Simboliza: o mundo das ideias, comunicação, livros, trocas, comércio, informação.

Vênus

Mitologia: "Para os caldeus era Isthar. (...) Entre os gregos, conta-se que nasceu do sangue que jorrou dos testículos cortados de seu pai, Urano, e que caiu no mar. Da espuma surgiu Vênus, emergindo belíssima em uma grande concha. (...) Era a deusa do amor, da fecundidade, do contato com os seres humanos, dos animais e da vegetação, que brotava à sua passagem". (Anna Maria da Costa Ribeiro, *Conhecimento da Astrologia*, Ed. Hipocampo, p. 125)
Simboliza: o amor universal e a atração sexual. Na Árvore da Vida está associada à Sephira Netzah, a sétima Sephira. Também está ligada às artes, à ecologia e à alegria.

Marte

Mitologia: Deus da guerra, agressivo, que provocava desentendimentos. Foi considerado pai de Rômulo e Remo, em Roma. Era muito apreciado em Esparta, mas não no restante da Grécia.
Simboliza: energia, competição, entusiasmo, coragem, empreendimento, ação, iniciativa.

Júpiter

Mitologia: Júpiter simboliza poder espiritual; é o doador de nossas benesses (abundância e graças). Representa o Grande Pai, o protetor Amom, para os Egípcios (deus de Tebas); na Índia, era Vishnu, o Preservador. Para os gregos, era Zeus, o líder do Olimpo.
Simboliza: autoridade, poder, riqueza, justiça, lealdade, ordem.

Saturno

Mitologia: Urano (O Céu) e Gaia (A Terra) gereram Saturno e muitos outros filhos violentos – os Titãs.
Urano atirava seus filhos no mundo subterrâneo e continuava fecundando sua mulher. Gaia acabou-se de tanto ter filhos monstruosos e Saturno estava revoltado. Sua mãe, Gaia, lhe dá uma foice afiada e ele corta os testículos do pai e joga-os ao mar. Urano é imortal e, portanto, apenas o seu reinado é que morre. Saturno agora é quem domina esse novo reino.
Porém, Saturno-Cronos fora avisado que também seria destronado por um filho, então, assim que seus filhos nasciam, ele os devorava.
Enfim, Zeus-Júpiter, derrota o pai Saturno e o prende no Tártaro.
Simboliza: o tempo, a maturidade, sabedoria, experiência de vida, limitações – é chamado de "o planeta das restrições".

COMO SUPERAR OS ASPECTOS NEGATIVOS DOS PLANETAS ANTIGOS

Os aspectos negativos dos planetas podem ser equilibrados parcialmente com os aspectos positivos dos próprios planetas, ou mais completamente com aspectos positivos de outros planetas.

- Aspectos negativos da Lua: Desenvolvendo os aspectos positivos do Sol e Mercúrio.
- Aspectos Negativos do Sol: Desenvolvendo os aspectos positivos da Lua e Mercúrio.
- Aspectos Negativos de Vênus: Desenvolvendo os aspectos positivos de Marte e Mercúrio.
- Aspectos Negativos de Marte: Desenvolvendo os aspectos positivos de Vênus e Mercúrio.

- Aspectos Negativos de Saturno: Desenvolvendo os aspectos positivos de Júpiter e Mercúrio.
- Aspectos Negativos de Júpiter: Desenvolvendo os aspectos positivos de Saturno e Mercúrio.
- Aspectos Negativos de Mercúrio: Desenvolvendo os aspectos positivos do Sol, Lua, Marte, Júpiter, Saturno ou Vênus.

Observação: Mercúrio equilibra razoavelmente os aspectos negativos de todos os outros planetas e seus aspectos negativos podem ser equilibrados com quaisquer outros planetas.

Cada Raio atua conjuntamente com alguns planetas. As tabelas a seguir relacionam os Raios e os planetas afins, nos aspectos negativos e positivos.

Quando determinado Raio rege a personalidade de um indivíduo, as características desse Raio (positivas ou negativas) tendem a eclodir em parceria com determinados aspectos dos planetas regentes do seu Sol ou Ascendente.

Os aspectos comuns aos Raios e aos planetas ganham uma força adicional, aparecendo como qualidades ou defeitos nessa personalidade.

Mesmo quando o planeta associado ao Raio não é regente, nem do Sol nem do Ascendente, ele pode exercer a mesma força na personalidade do indivíduo, se estiver especialmente posicionado no Mapa Astral.

ASPECTOS NEGATIVOS DOS RAIOS E DOS PLANETAS

1º RAIO	SOL	JÚPITER	MARTE	Comum ao Raio e aos Planetas
Orgulho	Querer brilhar	Autossuficiência	Impetuosidade	Arrogância
Ambição	Orgulho	Altivez	Impaciência	Violência
Teimosia	Egocentrismo	Irritabilidade	Violência	Querer brilhar
Arrogância	Amor ao poder		Fanatismo	Autoritarismo
Raiva	Arrogância		Grosseria	Irritabilidade
Crueldade	Desejo de controlar os outros		Teimosia	Amor ao poder
Irritabilidade			Crueldade	Desejo de controlar os outros
Mau humor				
Desejo de controlar os outros				

2º RAIO	LUA	SATURNO	Comum ao Raio e aos Planetas
Insensibilidade	Preguiça	Indiferença para com os outros	Indiferença para com os outros
Indecisão	Negligência	Desprezo	Indecisão
Medo	Melancolia	Mau humor	Apatia
Dificuldade com as limitações alheias	Apatia	Fuga para a solidão	Frieza
Frieza	Indecisão	Frieza	Passividade
Passividade	Crendices		
	Passividade		
	Inconstância		

3º RAIO	MERCÚRIO	LUA	Comum ao Raio e aos Planetas
Dispersão	Desonestidade	Superficialidade	Interesse calculista
Fofoca	Gosto por intrigas	Perder-se em detalhes supérfluos	Gosto por intrigas
Frivolidade	Interesse calculista	Indecisão	Tendência a incomodar a si mesmo e aos outros por ninharia
Indiferença	Falsidade	Inconstância	Inconstância
Impaciência	Crítica excessiva		Superficialidade
Mau humor	Tendência a incomodar a si mesmo e ao outros por ninharia		
Egoísmo	Superficialidade		
Oportunismo			
Crítica excessiva			
Orgulho intelectual			
Hipocrisia			
Falsidade			
Tendência a incomodar a si mesmo e aos outros por ninharia			
Inconstância			
Tendência a considerar a inteligência o dom supremo do homem			

4º RAIO	LUA	VÊNUS	Comum ao Raio e aos Planetas
Egocentrismo	Preguiça	Ambivalência	Negligência
Preguiça	Negligência	Sensualidade exagerada	Preguiça
Indolência	Dispersão	Superficialidade	Ambivalência
Extravagância	Vícios		Busca de prazeres
Desordem	Desordem		Desordem
Sensualidade exagerada			Vícios
Paixões fortes			Sensualidade exagerada
Caprichos			
Vícios			

5º RAIO	SATURNO	Comum ao Raio e aos Planetas
Frieza	Lógica fria e seca	Busca a solidão para fugir do contato com as pessoas
Materialismo	Sentimentos de vingança	Frieza
Ceticismo	Busca a solidão para fugir do contato com as pessoas	Lógica fria
Arrogância	Tristeza	Mau humor
Crítica	Avareza	Falta de compaixão
Mau humor	Inveja	
Ostenta cultura que às vezes não possui	Mau humor	
Busca de solidão	Avidez	
Insensibilidade aos sofrimentos alheios	Frieza	
Considera os outros como instrumento de conhecimento	Falta de compaixão	
Falta de compaixão		

6º RAIO	LUA	MARTE	Comum ao Raio e aos Planetas
Confiança exagerada nos outros	Cristalização de costumes e hábitos	Violência	Preguiça
Autoilusão	Ausência de lógica	Acessos de raiva	Apatia
Superstição	Desordem	Amor egoísta e ciumento	Cristalização de costumes e hábitos
Preconceito	Negligência		Acessos de raiva
Fanatismo	Preguiça		Amor egoísta e ciumento
Desconfiança	Apatia		
Amor egoísta e ciumento	Dispersão		
Conclusões demasiadamente rápidas			
Acessos de raiva			
Excessiva necessidade de apoiar-se nos outros			
Parcialidade			

7º RAIO	LUA	MERCÚRIO	Comum ao Raio e aos Planetas
Interesse excessivo pelo ocultismo em seu aspecto fenomenal	Apego às formas externas	Trapaça	Teimosia
Julgamentos superficiais	Interesse pelo ocultismo em seu aspecto fenomenal	Desonestidade	Perde-se em detalhes supérfluos
Formalismo		Teimosia	Interesse dirigido ao externo
Orgulho		Grosseria	Julgamentos superficiais
Teimosia		Aventureiro	Aventureiro
Paixões fortes		Julgamentos superficiais	
Caprichos		Perde-se em detalhes supérfluos	
Interesse dirigido ao externo			

ASPECTOS POSITIVOS DOS RAIOS E DOS PLANETAS

1º RAIO	SOL	JÚPITER	MARTE	Comum ao Raio e aos Planetas
Coragem	Coragem	Senso de justiça	Coragem	Coragem
Força	Força	Decisão	Força	Força
Resistência	Resistência	Responsabilidade	Resistência	Resistência
Sinceridade	Entusiasmo	Espiritualidade	Entusiasmo	Responsabilidade
Firmeza	Responsabilidade	Propósito firme	Sinceridade	Capacidade de liderança e empreendimento
Capacidade de governar	Capacidade de governar			Sinceridade
Decisão	Liderança			Propósito firme
Senso de Justiça	Capacidade de empreendimento			
Responsabilidade				
Capacidade de empreendimento				
Liderança				

2º RAIO	LUA	SATURNO	Comum ao Raio e aos Planetas
Interesse por seus semelhantes	Tato	Interesses por seus semelhantes	Compaixão
Serenidade	Paciência	Responsabilidade	Interesse por seus semelhantes
Força	Intuição	Amor à verdade	Tato
Calma	Simpatia	Amor ao estudo	Generosidade
Paciência	Amor ao planeta	Respeito à natureza, às ideias e aos seres humanos	Simpatia
Tolerância	Amor aos seres humanos		Intuição
Simpatia	Amor à arte		Paciência
Intuição	Intuição		Amor ao planeta
Aceitação	Premonição		Amor aos estudos
Compreensão	Sensibilidade		Intuição
Espírito de cooperação	Compaixão		Sensibilidade
Tato			
Amor ao planeta			
Compaixão			
Responsabilidade			
Amor ao estudo			
Confiança			
Inteligência clara			
Sensibilidade			
Generosidade			
Paciência			
Amor à verdade			

3º RAIO	MERCÚRIO	LUA	Comum ao Raio e aos Planetas
Visão ampla	Capacidade de síntese	Equilíbrio	Adaptabilidade
Clareza mental	Capacidade de raciocínio sobre questões abstratas	Adaptabilidade	Equilíbrio
Objetividade	Adaptabilidade	Saber conciliar	Saber conciliar
Rapidez de raciocínio	Inteligência verbal acentuada		Capacidade de síntese
Adaptabilidade	Rapidez de raciocínio		Inteligência verbal acentuada
Capacidade de reconhecer o essencial	Clareza mental		Clareza mental
Capacidade de síntese	Objetividade		Objetividade
Raciocínio sobre questões abstratas			
Capacidade de passar do particular para o geral			
Objetividade			
Saber conciliar			
Despego das questões cotidianas			
Saber investigar			
Inteligência verbal acentuada			

4º RAIO	LUA	VÊNUS	Comum ao Raio e aos Planetas
Generosidade	Generosidade	Criatividade	Criatividade
Simpatia	Simpatia	Amor ao belo	Generosidade
Fortes afeições	Fortes afeições	Senso de humor	Simpatia
Senso de humor	Senso de humor	Generosidade	Amor ao belo
Amor ao belo	Amor ao belo	Busca da paz	Busca da paz
Criatividade	Harmonia	Amor à Natureza	Senso de humor
Harmonia	Amor à natureza	Fortes afeições	Amor à Natureza
Amor à Natureza	Sensibilidade		Sensibilidade
Sensibilidade	Compreensão		Fortes afeições
Compreensão	Busca da paz		
Busca da paz			

5º RAIO	SATURNO	MARTE	JÚPITER	Comum ao Raio e aos Planetas
Ordem mental	Capacidade de análise	Honestidade	Coerência	Capacidade de análise
Exatidão	Exatidão	Coragem	Retidão	Coerência
Honestidade	Honestidade	Veracidade	Senso de extrema justiça	Senso de extrema justiça
Veracidade	Capacidade de atenção prolongada	Confia nas próprias opiniões		Honestidade
Coerência	Gosto pelas ciências exatas	Senso de extrema justiça		Independência
Coragem	Lógica			Capacidade de atenção prolongada
Retidão	Independência			Praticidade
Praticidade	Inteligência aguda e penetrante			Perseverança
Capacidade de análise	Praticidade			Gosto pelas ciências exatas
Confiança nas próprias opiniões	Perseverança			
Capacidade de atenção prolongada				
Gosto pelas ciências exatas				
Inteligência aguda e penetrante				
Senso de extrema justiça				
Lógica				
Independência				
Perseverança				

6º RAIO	LUA	MARTE	SATURNO	Comum ao Raio e aos Planetas
Devoção	Devoção	Sinceridade	Constância	Devoção
Idealismo	Idealismo	Lealdade	Capacidade de sacrifício	Idealismo
Misticismo	Misticismo	Fidelidade	Reverência	Misticismo
Lealdade	Ternura	Entusiasmo	Simplicidade no vestir e no viver	Capacidade de sacrifício
Fidelidade	Amor			Reverência
Entusiasmo	Fé			Simplicidade no vestir e no viver
Empatia	Reverência			Constância
Amor	Capacidade de sacrifício			Amor aos animais
Fé	Amor aos animais			Fidelidade
Sinceridade	Abnegação			Amor
Reverência	Empatia			Fé
Constância				Empatia
Ternura				
Abnegação				
Simplicidade no vestir e no viver				
Capacidade de sacrifício				
Amor aos animais				

7º RAIO	MERCÚRIO	VÊNUS	SATURNO	Comum ao Raio e aos Planetas
Capacidade de interpretar símbolos	Cuidado nos pormenores	Cortesia	Perseverança	Capacidade de interpretar símbolos
Autoconfiança	Capacidade de interpretar símbolos	Ordem	Autoconfiança	Cortesia
Capacidade de trabalho	Organização	Organização	Capacidade de trabalho	Ordem
Cuidado nos pormenores		Senso de justiça		Organização
Cortesia				Cuidado nos pormenores
Ordem				Autoconfiança
Organização				Capacidade de trabalho
Praticidade				Perseverança
Perseverança				Senso de justiça

Na tabela percebe-se que o Planeta Vênus está mais associado ao 4º Raio nos aspectos positivos de que a outros Raios.

Nos aspectos negativos, Vênus nem pode ser associado a outro Raio.

Assim, percebe-se as afinidades entre os Raios e os planetas.

Os Raios, assim como os planetas, regem os dias da semana, porém as cores atribuídas não são as mesmas.

Domingo: Regência: 1º Raio – Cor: Azul

   Planeta: Sol – Cor: Amarelo-dourado

Segunda: Regência: 2º Raio – Cor: Dourada

   Planeta: Lua – Cor: Branca e Prata

Terça: Regência: 3º Raio – Cor: Rosa

   Planeta: Marte – Cor: Vermelha

Quarta:	Regência: 4º Raio – Cor: Branca
	Planeta: Mercúrio – Cor: Amarela
Quinta:	Regência: 5º Raio – Cor: Verde
	Planeta: Júpiter – Cor: Azul
Sexta:	Regência: 6º Raio – Cor: Rubi
	Planeta: Vênus – Cor: Rosa
Sábado:	Regência: 7º Raio – Cor: Violeta
	Planeta: Saturno – Cor: Cinza ou Preta

ESTRELA DE SETE PONTAS

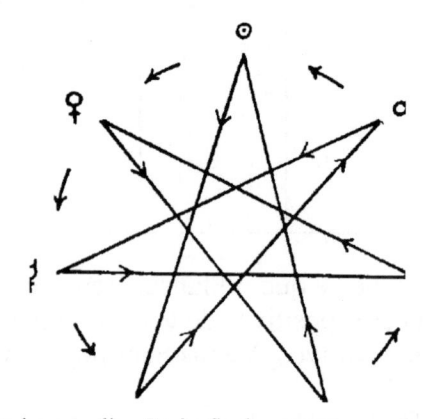

"A ordem circular em direção às flechas, corresponde à sequência dos planetas, acima apresentada. Acompanhando as retas em cada ponta da estrela, em direção às flechas, e começando pelo Sol (domingo), teremos, em cada vértice da estrela, o dia consecutivo da semana e o planeta que o rege."

(G. O. Mebes)

OS RAIOS E OS SIGNOS

Cada signo sofre uma tendência para funcionar dentro de um Raio e a personalidade atua para concretizar essa tendência. O Mapa Astrológico também mostra uma tendência de expressão do Raio mais atuante e seu sub-Raio.

Os planetas desse Sistema Solar também são influenciados pelos Raios, que, por sua vez, influenciam a expressão do indivíduo. Os aspectos e os signos retrógrados especificam ou alteram essa influência.

PLANETAS RETRÓGRADOS E RAIOS

Os planetas retrógrados trazem a hipótese de o indivíduo ter usado negativamente determinados Raios. Assim, Marte retrógrado coloca a hipótese de o indivíduo ter usado seu 1º Raio de uma forma que gerou Carma; Mercúrio retrógrado revela o mau uso do 3º Raio em uma vida passada, e assim por diante.

PLANETAS ANTIGOS – ASPECTOS POSITIVOS

Sol	Lua	Marte
Ação	Amor à família	Ação
Energia	Qualidades maternais	Energia
Entusiasmo	Amor ao lar	Entusiasmo
Sociabilidade	Capacidade de sacrifício em silêncio	Sinceridade
Disposição para repartir suas forças com todos	Afetividade	Honestidade
Filantropia	Respeito às tradições	Coragem
Generosidade		Lealdade
Disposição para se sacrificar pelos outros		Resistência
		Dedicação a um ideal
		Capacidade de trabalho

Vênus	Júpiter	Saturno	Mercúrio
Benevolência	Interesse por seus semelhantes	Lógica	Mente alerta
Gentileza	Senso de justiça	Autoanálise	Flexibilidade
Modéstia	Honestidade	Disciplina	Rapidez de entendimento
Suavidade	Respeito pela hierarquia e autoridade	Vida simples	Presença de espírito
Delicadeza	Compaixão	Honestidade	Vivacidade
Senso estético		Senso de justiça	Desejo de estar bem com todos
Tato		Tendência à solidão	
Equilíbrio		Meditação	
		Reflexão	
		Sabedoria	
		Humildade	
		Capacidade de trabalho	

Infância: Sol – 7º Raio
Adolescência: Lua 4º Raio
Juventude: Mercúrio/ Marte/ Vênus – 3º e 7º Raios
Idade adulta: Júpiter – 1 º e 2º e 6º Raios – Maturidade (paternidade/ maternidade)
Velhice: Saturno – 5º Raio
O 7º Raio sempre influencia o indivíduo porque está associado ao corpo físico.

Os aspectos negativos dos planetas e Raios podem ser equilibrados com a aquisição de aspectos positivos de outros planetas e Raios.

ASPECTOS NEGATIVOS		ASPECTOS POSITIVOS	
PLANETAS	RAIOS	PLANETAS	RAIOS
Marte/ Sol/ Júpiter	1º	Sol/ Júpiter/ Marte/ Saturno/ Vênus	1º e 2º
Lua/ Saturno	2º	Sol/ Júpiter/ Marte/ Saturno	1º e 2º
Mercúrio/ Marte	3º	Saturno/ Mercúrio	2º, 3º, 5º e 6º
Lua/ Vênus	4º	Sol/ Marte/ Saturno	1º e 7º
Saturno	5º	Saturno/ Júpiter	1º e 5º
Lua/ Marte	6º	Saturno/ Lua	5º e 6º
Mercúrio/ Sol	7º	Júpiter/ Lua/ Vênus	2º e 3º

Aspectos negativos dos Raios suavizados ou modificados pelos aspectos positivos dos planetas.

RAIO	ASPECTOS NEGATIVOS	ASPECTOS POSITIVOS	PLANETAS
1º	Violência Querer brilhar Autoritarismo	Coragem. Força Sinceridade Generosidade Poder de liderança	Marte Sol/ Marte Júpiter/ Marte Sol/ Júpiter Sol
2º	Apatia/ Indecisão Indiferença para com os outros	Generosidade Paciência/ Aceitação	Sol/ Júpiter Saturno
3º	Interesse calculista/ Gosto por intrigas Mau humor/ dispersão	Concentração/ Abstração Mente alerta/ Síntese	Saturno Mercúrio
4º	Superficialidade/ Busca desenfreada do prazer Preguiça/ Imaginação exagerada/ Ilusão	Senso estético Suavidade Criatividade/ Imaginação	Vênus Sol
5º	Desdém/ Frieza/ Satisfação consigo mesmo	Lógica/ Autoanálise Pesquisa/ Independência	Saturno
6º	Preguiça/ Apatia Violência/ Fanatismo	Simplicidade de vida/ Humildade Sacrifício em silêncio Sacrifício pelo outro	Saturno Lua Sol
7º	Agitação/ Interesse dirigido ao externo Perde-se nos detalhes Julgamento apressado Superficialidade	Respeito pela autoridade e hierarquia Gentileza/ Simpatia Capacidade de análise minuciosa Destreza manual ou mental/ Memória	Júpiter/ Marte Vênus Mercúrio

ASSOCIAÇÕES BÁSICAS COM OS RAIOS

RAIO	PEDRAS	CHACRAS	PLANETAS	SIGNOS
1º	Diamante	Coronário	Sol/ Marte/ Plutão	Áries Leão Às vezes Escorpião
2º	Safira	Cardíaco	Júpiter/ Netuno	Sagitário Às vezes Peixes
3º	Quartzo rosa	Laríngeo	Mercúrio/ Marte/ Urano/ Saturno	Gêmeos Virgem Aquário Áries Às vezes Capricórnio
4º	Cristal	Centro Sacro	Vênus/ Vênus	Touro Libra Às vezes Peixes
5º	Topázio	Centro Ajna	Saturno/ Urano/ Plutão	Capricórnio Escorpião Aquário
6º	Rubi	Plexo Solar	Lua/ Netuno/ Vênus	Câncer Peixes Às vezes Sagitário Às vezes Libra
7º	Ametista	Base da Espinha	Mercúrio/ Saturno	Virgem Capricórnio

Raios	Esfera	Cor	Qualidade	Serviço no Planeta
Vontade e Poder	1	Azul	Poder e iniciativa/ Todas as ideias divinas nascem aqui	Governantes, Líderes, Executivos
Amor-Sabedoria	2	Dourada	Percepção/ Iluminação/ Amor ao Planeta/ Amor incondicional (mãe para filho, mestre para discípulos)	Educadores, Professores, Ecologistas
Inteligência Ativa	3	Rosa	Amor/ Tolerância/ As ideias são vestidas com a essência da vida por meio da natureza do sentimento, permitindo externalização futura no mundo da forma/ O amor é demonstrado com a força coesiva, mantendo junto uma forma manifestada/ Inteligência com amor. (Amor diferente do 2º Raio – amor terreno)	Pacificadores, Árbitros, Jornalistas, Advogados, Poetas, Filósofos
Harmonia a partir do Conflito	4	Branca Cristalina	Desenvolvimento artístico/ Escultura/ Pintura/ Artes/ Equilíbrio/ Força do corpo Astral	Artistas, Músicos, Arquitetos, Poetas, Escritores
Verdade Cura Ciência Razão	5	Verde	Desenvolvimento Científico/ Cura/ Concentração/ Consagração/ Estudo Verdade/ Pesquisa/ Clareza mental	Cientistas, Médicos, Engenheiros, Inventores, Mecânicos, Enfermeiros, Curadores
Devoção	6	Rubi	Culto Devocional/ Amor à Família/ Amor aos Animais	Sacerdotes, Assistentes Sociais, Líderes Religiosos, às vezes enfermeiros
Cerimonial Ativo Rituais	7	Violeta	Cerimônia, Cultura, Refinamento, Diplomacia/ Ordem e Ritual	Diplomatas, Enfermeiros, Advogados/ Juízes, Promotores

11
A Árvore da Vida e os Raios

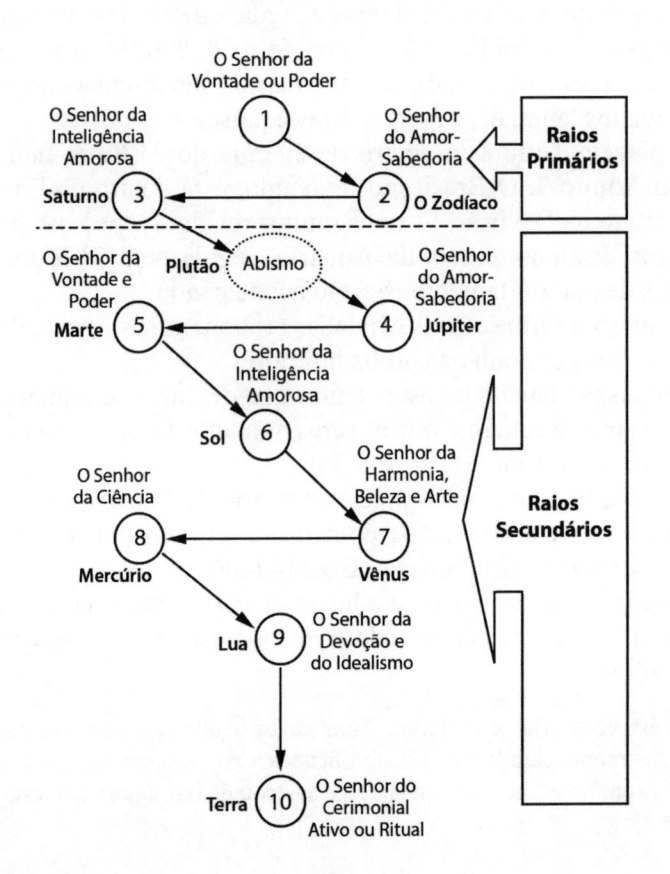

```
                    O Senhor da
                    Vontade ou Poder
  O Senhor da          ╱─╲              O Senhor
  Inteligência        │ 1 │             do Amor-        ┐ Raios
  Amorosa             ╲─╱               Sabedoria       │ Primários
  Saturno ╱─╲ ←────────────────── ╱─╲                   ┘
         │ 3 │                    │ 2 │ O Zodíaco
          ╲─╱                      ╲─╱
  - - - - - - - - - - - - - - - - - - - - - - -
  O Senhor da    Plutão ╱┄┄┄╲       O Senhor
  Vontade e            ┆Abismo┆      do Amor-          ┐
  Poder                 ╲┄┄┄╱        Sabedoria         │
  Marte ╱─╲ ←──────────────── ╱─╲                      │
       │ 5 │                  │ 4 │ Júpiter            │
        ╲─╱                    ╲─╱                     │
              O Senhor da                              │
              Inteligência                             │
              Amorosa                                  │
                 Sol ╱─╲                               │
                    │ 6 │                              │
                     ╲─╱                               │
  O Senhor                   O Senhor da               │
  da Ciência                 Harmonia,                 │ Raios
         ╱─╲                 Beleza e Arte             │ Secundários
        │ 8 │ ←──────────── ╱─╲                        │
         ╲─╱                │ 7 │                      │
       Mercúrio              ╲─╱                       │
                            Vênus                      │
                     ╱─╲    O Senhor da                │
                Lua │ 9 │   Devoção e                  │
                     ╲─╱    do Idealismo               │
                                                       │
                                                       │
                     ╱──╲    O Senhor do               │
               Terra│ 10│    Cerimonial                │
                     ╲──╱    Ativo ou Ritual           ┘
```

A ÁRVORE DA VIDA E OS RAIOS

"Cada vida de Raio está predominantemente expressando-se por meio de um dos sete planetas sagrados, mas a vida de todos os sete flui através de cada planeta, inclusive a Terra, e assim qualifica cada forma. Em cada planeta está uma pequena réplica do esquema geral, e cada planeta conforma-se no intento e ao propósito do todo."

(Alice Bailey)

Diz-se no esoterismo que só existem Mônadas do 1º, 2º ou 3º Raios. Todos os outros Raios são derivados desses primeiros ou Raios primários, como são chamadas essas três energias supremas que sustentam sóis e galáxias.

Os três primeiros Raios são, segundo Alice Bailey, "em sua totalidade, a Divindade manifestada, a Palavra encarnada. Eles são a expressão do propósito criativo e a síntese da vida, qualidade e aparência".

O nosso Sistema Solar é governado pelo 2º Raio, Amor-Sabedoria, e dele derivam os Sete Raios Secundários que influenciam planetas, seres humanos, animais, vegetais, Eras e países.

O planeta Terra está dentro da energia do 3º Raio, Inteligência Ativa ou Amorosa. O Brasil, por exemplo, está dentro da Energia do 6º Raio (Raio da Devoção); vemos muitos místicos e pessoas pacíficas, mas, como estamos na Era de Aquário, regida pelo 7º Raio, muitas mudanças de comportamento já estão acontecendo.

Da mesma forma que as Mônadas criaram almas para experenciar a vida, as almas criaram os corpos inferiores.

Em nosso planeta, todas as lamas que evoluem se reúnem em Tiphareth, na mesma energia que os seres humanos foram criados, porém, voltam para casa como Mestres de Luz.

Esse é o lugar chamado pelo esoterismo de Consciência Crística.

Todos os seres humanos podem acessar um pouco dessa Luz, quando invocam seu Eu Sou, seu EU MAIOR.

A sexta Sephira é também o lugar da criança sagrada, dos profetas e dos heróis. O propósito de todo estudante esotérico é encaminhar-se até Tiphareth.

"A árvore da vida é invertida. Suas raízes ocultas estendem-se para o alto e seus ramos para baixo. Os significados sãos os seguintes: primeiro, toda vida vem do alto e é continuamente sustentada por aquilo que está no alto;

segundo, o que percebemos como o mundo que nos cerca, embora seja real como tal, não é o que parece ser."

(Ann Williams – Heller)

AS DEZ SEPHIROTH

"Se eu quisesse sacudir esta árvore com as minhas mãos não poderia; mas o vento que não vemos, açoita-a e dobra-a como lhe apraz. Também a nós outros, mãos invisíveis nos açoitam e dobram rudemente."

(Friedrich Nietzsche)

Kether – Coroa

Kether, a primeira sephira, é Luz e Energia, ela é emanada do Imanifesto e se irradia criando a segunda Sephira: Hokmah.

"As essências mais internas e sutis só podem ser contempladas em um enlevo, não pelo conhecimento."

(Daniel Matt)

"Kether representa uma forma de consciência que não é alcançada durante a encarnação, pois está essencialmente fora do esquema das coisas no que diz respeito aos planos da forma. A experiência espiritual que se associa a Kether é a União com Deus, e aquele que atinge essa experiência entra na Luz, dela não mais retornando."

(Dion Fortune)

Chokmah ou Hokmah – Sabedoria

A sephira "Sabedoria", chamada também de Inteligência Iluminadora, representa o aspecto masculino de Kether. Está situada no Pilar da Misericórdia. Chokmah conhece e compreende as polaridades do Universo, o princípio masculino e feminino. Em Hokmah, a forma inicia sua organização e Binah a limita (condensa), para que ela possa ser expressada em Malkuth.

Binah – Razão

"Binah é a raiz primordial da matéria, mas o pleno desenvolvimento da matéria só pode ser obtido depois que alcançamos Malkuth, o universo material."

(Dion Fortune)

Toda sephira é passiva em relação a posterior. Portanto, a Grande Mãe recebe o influxo do Grande Pai (Hokmah) e o emana para Chesed, a quarta sephira.

Binah é a sephira do Silêncio – esta é a sua maior virtude. Binah cria as Mônadas e recebe as almas quando não mais precisam evoluir.

Binah é o aspecto feminino de Kether. É o grande mar de águas escuras e misteriosas. Fecha o triângulo superno, antes do Abismo. É a Mãe Superior, enquanto Malkuth é a Mãe Inferior.

"O silêncio é a conservação das energias. O verdadeiro ocultista conhece essa verdade e sabe usá-la sabiamente no seu trabalho esotérico."

(Sala Batà)

Daath, a Sephira invisível ou a não – Sephira

"(...) Daath resulta da conjunção de Chokmah e Binah. O Pai Supremo, Abba, desposa a Mãe Suprema, Ama, e Daath é o resultado dessa união. (...) Abismo, o precipício que se localiza entre o Macroprosopus e o Microposopus assinala uma demarcação na natureza do ser. (...) É nesse Abismo que Daath, a Sephira Invisível, tem sua estação."

(Dion Fortune)

As três primeiras sephiroth são o que chamamos Macrosopos, o Triângulo Superno ou O Grande Rosto; a quarta Sephira, Chesed ou Geburah, inicia um novo Mundo da Árvore, sendo distanciado da terceira sephira Binah pelo Abismo de Daath.

O Abismo marca a divisão clara entre o Mundo inacessível da Emanação e o Mundo visível que começa a se concretizar.

Daath não é a 11ª sephira, ela apenas insinua sua existência entre Chokmah e Binah. Ela está entre o vazio, sobre o Abismo e nenhum Caminho leva a ela.

Daath não é descanso como Malkuth e não é um ponto de partida; é antes um Abismo que engole os incautos, protegendo a Tríade Superior.

Essa é a sephira chamada invisível, ela existe mas não existe. Todo Cabalista sabe que a Árvore Sefirótica tem 10 sephiroth, "10 e não 9, 10 e não 11"; portanto, o estudante no Caminho deve conhecer essa sephira que não existe, esse espaço chamado Abismo, entre a Tríade Superior e o restante da Árvore.

Daath é sempre assinalada com linhas pontilhadas para saber que ali é sua esfera, mas por hora ela está invisível. Segundo alguns autores, na Idade de Ouro, ela era a sephira Malkuth. Dizem também que quando o planeta e a Humanidade evoluírem ela voltará a seu lugar.

Chesed – Misericórdia

"Considerado um nível inferior do Número Dois, o ramo da Misericórdia retrata a compaixão e a vontade sublime do Criador. Nas esferas terrenas, essas qualidades se expressam como a vontade de viver e de amar."

(Ann Williams-Heller)

A quarta esfera, Chesed, é a primeira do novo triângulo; junto a Gebulah e Tiphareth, forma o Triângulo Ético.

Chesed e Gebulah é traduzida como Compaixão, Misericórdia, Benção, Grandeza, Graça, etc. Júpiter é o planeta atribuído a essa esfera. Helen C. Reed chama essa sephira de "Esfera dos Adeptos" porque, segundo a autora, as almas mais evoluídas permanecem aí por livre escolha, para ajudar os seres que ainda estão em evolução.

Chesed está no centro do Pilar da Misericórdia, associado ao planeta Júpiter, porque, como ele, expande as virtudes espirituais e cuidados paternos.

É a primeira sephira no Caminho do Relâmpago Flamejante, logo após o Abismo. Trata-se do começo de um novo triângulo, o Triângulo Ético, que inicia o Microprosopus; está no Pilar da Misericórdia e emana a quinta sephira: Geburah.

Enquanto Geburah é Força, Ação, Destruição, Severidade, Chesed é Misericórdia, Amor, Paternalismo, Proteção.

A imagem mágica de Chesed é um poderoso rei sentado em seu trono. Esse é um reinado de paz, de amor e cuidados que esse rei emana para seus súditos como um pai amoroso cuida de seus filhos.

Para Dion Fortune, os contatos telepáticos do adepto com seus Mestres (sem interferência da personalidade) acontece nessa esfera.

Geburah/ Din ou Pachad – Julgamento

A quinta esfera, chamada Vigor, Força, Poder ou Julgamento, revela por intermédio de seus nomes que as ações dessa Sephira podem ser difíceis para o estudante.

> "Estamos sempre lidando com Geburah quando nos alimentamos. A nossa comida passa por um processo de aniquilamento e assim acaba fornecendo energia aos nossos corpos. A forma do alimento é sacrificada para liberar a força vital que o ser humano precisa em sua vida.
> Esse é um exemplo do que é trabalhado nessa esfera. Geburah está sempre associada ao sacrifício. Alguns autores chamam de "Altar do Sacrifício", no qual colocamos coisas ou atitudes que precisam ser "sacrificadas" para se atingir um benefício, que não poderia ser alcançado de outra maneira.
> Enquanto Chesed expande, Geburah restringe, limita; por isso, ela parece maléfica. Mas todas as sephiroth na Árvore funcionam como um par de opostos. Imagine a expansão de Chesed sem as forças opostas de Geburah. Imagine o poder de uma usina hidroelétrica chegando até o seu lar sem os limites que contem e dirige essa força.
> Geburah, o Destruidor, age na personalidade do indivíduo como uma força que destrói os apectos negativos dessa personalidade. Aspectos que agora não são mais aceitos diante da evolução do discípulo e que devem ser transformados. "Onde quer que haja algo que tenha sobrevivido à sua utilidade, Geburah deve brandir sua face de poder (...)."

(Dion Fortune)

Thiphareth – Beleza

> "Recorda-se então da beleza verdadeira; recebe asas e deseja voar para o alto. (...) Quem é atingido por esse delírio ama o que é belo e chama-se amante."

(Platão, Diálogos)

Thiphareth é o Centro da árvore, o Sol e o Coração; faz contato com todas as sephiroth, menos Malkuth, a décima sephira.

Se o primeiro triângulo é evolutivo, o segundo, fechado por Tiphareth, é involutivo, no sentido de trazer benesses para a humanidade, concretizar. Suas energias estão mais próximas do ser humano. Esse Sol emana um calor curativo. Sua energia está ligada à saúde.

Tiphareth é o equilíbrio de toda a Árvore.

"Em Tiphareth, Deus se manifesta na forma e habita entre nós, isto é, penetra no âmbito da consciência humana. Tiphareth, o Filho, mostra-nos Kether, o Pai."

(Dion Fortune)

Netzah ou Netzach – Vitória

A sétima esfera é Netzach. Seu nome significa Vitória, ela está entre o Sol de Tiphareth e o plano mental de Hod; entre a consciência crística da sexta Sephira e as Sephiroth restantes, que simbolizam a personalidade do Homem.

Sua atribuição planetária é Vênus, embora alguns alunos iniciantes possam associar Vênus como atribuição de Tiphareth e o Sol como Kether. À primeira vista pode parecer assim, mas se refletirmos que Kether está além de nossas atribuições e que a consciência humana encarnada só consegue atingir Tiphareth, fica mais fácil ver a sexta Sephira associada ao Sol e a sétima, Netzach, a Vênus.

Netzach é especialmente conhecida pela sua capacidade de relacionamentos; é associada por muitos psicólogos cabalistas como o Inconsciente Coletivo.

Essa sephira geralmente é malcompreendida, como se ela não tivesse uma função específica; isso porque ela trabalha com a energia que irá fabricar imagens em Hod. É a esfera dos artistas, é a inspiração que ao transbordar atinge a próxima esfera, a oitava.

"Netzach não pode ser considerada independente de Hod, seu contrapeso é oposto. Enquanto Netzach representa os instintos e as emoções, Hod representa o intelecto."

(Robert Wang)

Abaixo de Tiphareth, os símbolos atribuídos às sephiroth não são tão abstratos, esse Caminho chama-se Inteligência Oculta. Os habitantes dessa esfera, os Elohins, são definidos como encarnações de ideias. Está associada à deusa do Amor Universal. Os símbolos atribuídos a essa esfera são: a rosa, o cinto e a lâmpada. A energia feminina dessa Sephira completa a energia masculina de Marte, associada à quinta Sephira.

Netzach simboliza o instinto e a inspiração. Doa poderes onde Hod não pode atuar; Hod é o cientista, o pesquisador, Netzach é a criatividade, a arte.

Netzach é quase sempre comparada a um prisma que divide a luz em cores. É Força, Energia que busca a forma.

"É por meio de Netzach, em nossa natureza, que as forças elementais têm acesso à consciência; sem Netzach, elas permanecem na esfera subconsciente de Yesod, trabalhando cegamente."

(Dion Fortune)

Hod – Paz

"Hod é a mente concreta. Trata-se da Esfera de Mercúrio e a ela é atribuído tudo o que é intelectualmente sistematizado, tal como as artes da magia, a literatura, a ciência e o comércio."

(Robert Wang)

Nessa Esfera, as formas estão organizadas. O que será concretizado em Malkuth se define nessa sephira, aqui começa o planejamento, "Netzach é o som; Hod é a palavra enunciada e escrita". A energia da criatividade de Netzach somada à organização do pensamento em Hod gera a magia.

Há duas chaves para acessar essa Esfera: Paz e Verdade.

Hod é a esfera chamada Fábrica de Imagens. O depósito dessas imagens é Yesod, a nona Sephira.

Yesod – Fundação

A nona esfera, Yesod, significa "Fundação" é a esfera que precede a existência física em Malkuth e sua atribuição planetária é a Lua.

Yesod é também associada ao plano astral onde moram as formas-pensamento que podem ou não se materializar na décima sephira.

Yesod é conhecida como "O Depósito das Imagens" e também como o plano da sexualidade e fertilidade.

Essa sephira está associada ao Plano Astral, o plano dos desejos, o lugar onde os sonhos recebem energia, o Inscosnciente Pessoal. Nessa esfera, os medos são mais intensos, o discípulo pode ser seu próprio inimigo.

"Devemos conceber Yesod, portanto, como o receptáculo das emanações de todas as outras Sephiroth, como ensinam os cabalistas, e como o único e imediato transmissor dessas emanações de Malkuth, o plano físico. (...)

É função de Yesod purificar as emanações e prová-las, corrigi-las. Consequentemente, é na Esfera de Yesod que ocorrem as operações destinadas a corrigir a Esfera da matéria densa, ou dispor sua unidade de desenho. Yesod, portanto, é a Esfera essencial de qualquer magia que pretende agir no mundo físico."

(Dion Fortune)

Malkuth, o Reino. O Senhor que se manifesta na Natureza

"A Terra é um ser vivo, cuja evolução acompanha a da humanidade."

(William What)

A décima esfera não poderia ter outra atribuição: Terra. É a sephira das materializações, seu significado é O Reino. Enquanto as raízes da Árvore Cabalística estão no céu, seus frutos estão na terra, em Malkuth. Não podemos esquecer que "o que está em cima é análogo ao que está em baixo", portanto, Malkuth não é inferior ou menos sagrada do que Kether.

Malkuth é também chamada de A Esposa de Daath, porque contém a experiência do Bem e do Mal.

Mebes também afirma a Terra é um ser vivo. Para ele o planeta também tem um corpo astral, um corpo mental e um corpo de luz, como os humanos. E, assim como o reino humano, o planeta também evolui.

Malkuth é o reflexo de Kether, a Coroa (e seu complemento), assim como Geburah não pode existir sem Chesed. Malkuth é o fruto que está na terra, o receptáculo das energias de toda a Árvore.

A décima sephira é a obra manifestada (visível) dos poderes de todas as Sephiroth anteriores.

Os planos mais sutis podem existir sem a matéria, mas não podem evoluir sem esse plano. É a experiência que revela a escolha correta, a busca efetiva da luz.

Por outro lado, as experiências nas sombras, nos erros e nas dúvidas só podem ser corrigidas com novas experiências na matéria.

As delícias do Pomar de Malkuth: os frutos da saúde, segurança, oportunidade de cumprir o Carma, família e amor, entre outros.

Malkuth é o Reino, a Mãe Inferior, não faz parte de nenhum dos triângulos da Árvore: fica sozinha no fim do diagrama, simbolizada pelos quatro elementos ou pelo planeta Terra. É o nosso lar, nossos Corpos Físicos, nossa experiência na matéria. É portanto, a finalidade de Árvore, o fruto que pode ser tocado. Antes de se pensar a evolução do Homem, é necessário que ele exista.

"O último ramo da Árvore da Vida é o nosso lar. Conquanto, nossa vida tenha começado no último dia da Criação, agora temos de ser os primeiros a atender aos nossos grandes privilégios e responsabilidades terrenas."

(Ann Williams-Heller, Cabala: o Caminho da Liberdade Interior, *p. 83)*

12
MEDITAÇÃO

"Há a **vontade** impulsionando um homem à perfeição pela compreensão de sua unidade com tudo que respira, resultando no serviço do amor por intermédio do amor em ação.
Há o aspecto **sabedoria** ou amor impulsionando o homem à perfeição pela compreensão de sua unidade com tudo o que respira, resultando no serviço do amor por intermédio do amor em ação.
Há o aspecto **atividade** impulsionando um homem à perfeição pela utilização de tudo, a serviço do homem; primeiro, pela utilização de tudo para si mesmo, depois, pelos passos gradativos da utilização de tudo para a família, de tudo para aqueles que ele, pessoalmente, ama, (...) assim progressivamente, até que tudo seja utilizado a serviço da humanidade."

(Alice Bailey)

Personalidades que são regidas por Raios diferentes meditam diferentemente:

a) Quando o Raio da Alma é o Raio da Vontade e Poder, o aluno deve usar uma focalização intensa, abrindo um canal em seus corpos sutis para isso.
b) Almas Amor-Sabedoria devem começar aos poucos e expandir suas meditações com grupos, sob orientação de um Mestre.
c) O 3º Raio – Raio da Atividade – sendo o Raio Egoico, o aluno deve conhecer e adaptar os métodos usuais.

- Quando o Raio da Harmonia a partir do Conflito é quem governa a alma, o aluno irá se guiar também pelo som e pela cor. Muitas vezes a personalidade medita com auxílio da ARTE.
- O Raio do Conhecimento Concreto ativa na sua personalidade uma intensa concentração. Uma meditação assim tão poderosa, pode ajudar uma raça, uma nação.
- O 6º Raio – Devoção – revela sua forma de meditação influenciando a personalidade para que se dedique a alguém, ou algum ideal. Geralmente, com o sacrifício, essa pessoa alcança sua meditação.
- A Alma de 7º Raio – Cerimonial Ativo – quer aproximar-se do Divino por intermédio da Ordem e do Ritual. Por isso, usa a disciplina para atingir seus objetivos.

A COR NA CURA

A chama verde é a chama do 5º Raio de Cura, ela age como um antibiótico nos corpos internos, principalmente no Corpo Astral, e por isso tem sido muito utilizada pelos esotéricos. Porém, todas as cores e qualidades dos Sete Raios podem curar. A energia de cura se expande para ambientes e situações. Podemos curar relacionamentos doentios, falta de energia, trabalhos cansativos e/ou insatisfatórios e situações econômicas difíceis.

Essas cores e energias de Raios são muito úteis também em pacientes terminais, pois aliviam um pouco as dores inevitáveis.

Coloquei uma Viagem de Fantasia como exemplo, mas o leitor pode criar sua Viagem particular.

Alice Bailey sugere:
- descobrir a origem do problema e o corpo afetado.
- descobrir as formas-pensamentos geradas pelo doente.
- conhecer o Corpo Emocional do paciente.
- verificar o funcionamento de seus chacras, etc.

Depois disso, luzes coloridas devem ser imaginadas sobre o corpo doente. Cada cor faz sua tarefa de cura.

Como podemos perceber, apenas clarividentes podem curar dessa maneira, mas você pode fazer tudo imaginando cores benéficas para o doente.

As sete cores e as sete energias dos Raios podem ser utilizadas para autocura.

VIAGEM DE FANTASIA – CURA

Procure uma posição confortável, feche os olhos e relaxe... relaxe... relaxe...

Imagine que você está subindo uma montanha... é a sua montanha interna... você sabe que "subir a montanha" esotericamente significa ascender para os corpos mais sutis...

Relembre alguma montanha que você conhece e gosta ou imagine uma montanha linda... toda recoberta de verde, com uma trilha feita em espiral, facilitando a sua subida...

Sinta o frescor da manhã... o ar úmido da montanha... o cheiro do mato... a paisagem verdejante... ouça o canto dos pássaros...

Suba suavemente, sem desgaste... sinta o prazer de caminhar entre tantos elementais... você está só na natureza... mas os elementais estão presentes...

Sinta o magnetismo dessa montanha... peça permissão aos Devas para entrar nesse reino...

Você está no topo da montanha... existe uma mesa de pedra com vários cálices coloridos... veja tudo com atenção... O mestre do seu Raio maior chega até você e o convida a escolher um cálice...

O Sol incide sobre cada cálice e vivifica suas cores: o cálice AZUL, o AMARELO-DOURADO, o ROSA, o BRANCO-PRATA, o VERDE, o RUBI e o VIOLETA.

Que cor de cálice você escolheu?

Visualize agora seu mestre enchendo esse cálice com um líquido transparente e borbulhante... imediatamente esse líquido adquire a cor do cálice...

Imagine-se bebendo dessa taça, veja todos os seus corpos internos brilharem nessa cor... suas células se colorem, seus músculos, órgãos, ossos, sua aura... todo o seu corpo brilha... mais e mais...

Sinta a energia dessa cor limpando seus corpos internos, reenergizando suas células físicas, curando... curando... curando... todas as células doentes... abençoando... abençoando... todos os seus corpos inferiores... nesse momento todo o seu ser está harmonizado com a Energia Divina... você está curado... você está em paz... Seus corpos inferiores estão em equilíbrio... você é uno com o Universo...

Diga mentalmente...

"Eu e o Criador somos um... EU SOU UNO COM O UNIVERSO. EU SOU uma criança divina, nutrida e amada por Deus".

Lentamente, volte para seu eu aqui e agora.

Símbolos

O ponto é o Logos.
O círculo com o ponto é Deus manifestado.
Ao acrescentar os Raios temos: Logos, Logos manifestado e Energia Criativa.

Logos

Energia manifestada

Vida

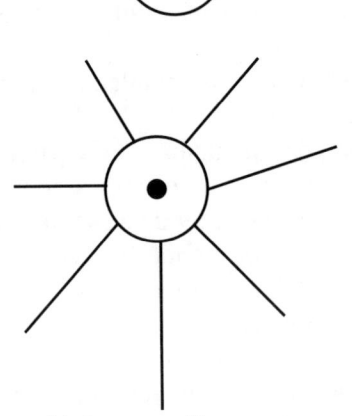

"O homem é uma entidade, uma vida que, por meio da influência irradiadora, construiu uma forma, coloriu-a com Sua Própria qualidade psíquica e assim apresentou uma aparência ao mundo à volta, que persistirá pelo tempo que Ele viva na forma."

(Alice Bailey, Psicologia Esotérica, Vol. I, p. 18)

BIBLIOGRAFIA

ASSAGIOLI, Dr. Roberto. *Psicossíntese. Manual de Princípios e Técnicas.* São Paulo: Cultrix, 1999.

ASSAGIOLI, Roberto. *Os Sete Tipos Humanos.* São Paulo: Totalidade Editora, 1997.

BACH, Edward. *Os Remédios Florais do Dr. Bach.* São Paulo: Pensamento, 1991.

BAILEY, Alice A. *Morte: A Grande Aventura.* Niterói: Fundação Cultural Avatar, 1985.

_____. *Psicologia Esotérica, Vol. 1. Um Tratado Sobre os Sete Raios.* Niterói: Fundação Cultural Avatar, 1990.

BESANT, Annie. *Do Recinto Externo ao Santuário Interno.* São Paulo: Pensamento, 1995.

BRANDÃO, Maria Eloina. *Flores que Curam Através da Alma.* São Paulo: Letras & Letras, 1993.

BRUNTON, Paul. *Ideias em Perspectiva.* São Paulo: Pensamento, 1984.

CAMAYSAR, Rosabis. *Iniciação Básica à Astrologia Esotérica.* São Paulo: Pensamento, 1993.

CAPRA, Fritjof. *O Tao da Física.* 2. ed. Estados Unidos: Cultrix Amaná, 1986.

CESAR, Bel. *O Livro das Emoções*. Gaia, 2004.

CROMBERG, Renata Udler. *Paranoia*. São Paulo: Casa do Psicólogo, 2000.

Da SILVA, Breno Marques e Ednamara Vasconcelos e Marques. *As Essências Florais de Minas. Síntese para uma Medicina das Almas*. Belo Horizonte: Luz Azul Editorial, 1994.

DAMIAN, Peter. *A Astrologia e os Remédios Florais do Dr. Bach*. São Paulo: Pensamento. 1991.

DELOUYA, Daniel. *Depressão*. São Paulo: Casa do Psicólogo, 2001.

DIONE, Arthur. *Jung e Astrologia*. Rio de Janeiro: Nova Fronteira, 1990.

FARAH, Reni. *As Essências que Vêm de Minas*. Rio de Janeiro: Ao Livro Técnico, 1997.

FORTUNE, Dion. *A Cabala Mística*. São Paulo: Pensamento, 1993.

HEGENBERG, Mauro. *Borderline*. São Paulo: Casa do Psicólogo, 2000.

HODSON, Geoffrey. *O Homem e Seus Sete Temperamentos*. São Paulo: Pensamento, 1997.

KAPLAN, Harold I; SADOCK, Benjamin J. *Manual de Psiquiatria Clínica*. Porto Alegre, RS: Artemed.

KAMINSKI, Patrícia; Richard Katz. *Repertório das Essências Florais*. São Paulo: Aquariana, 1987.

KEHL, Maria Rita. *Ressentimento*. São Paulo: Casa do Psicólogo, 2004.

LA SALA BATÀ, Ângela Maria. *Do Eu Inferior ao Seu Superior*. São Paulo: Pensamento, 1993.

_____. *Os Sete Temperamentos Humanos*. São Paulo: Pensamento, 1999.

LANSDOWNE, Zachary F. *Os Raios e a Psicologia Esotérica*. São Paulo: Pensamento, 1997.

MELO, Augusto Luiz Nobre de. *Psiquiatria*. Rio de Janeiro: Guanabara Koogan, 1981.

MING-DAO, Deng. *Tao-Meditações Diárias*. São Paulo: Martins Fontes, 2003.

MOREIRA, Ana Cleide Guedes. *Clínica da Melancolia*. São Paulo: Escuta/ EDUFPA, 2002.

PRADO, Lourenço. *Alegria e Triunfo*. São Paulo: Pensamento, 1995.

PROPHET, Mark L. e E. C. Prophet. *Senhores dos Sete Raios*. Summit Lighthouse, 1995.

REYO, Zulma. *Alquimia Interior*. 3. ed. São Paulo: Ground, 1989.

RIBEIRO, Ana Maria da Costa. *Conhecimento da Astrologia*. Rio de Janeiro: Hipocampo, 1988.

ROMO, Rodrigo. *A Irmandade dos Sete Raios. A Ordem do Sol Revelando Antigas Civilizações*. Madras Editora.

SCHULMAN, Martin. *O Carma do Agora*. São Paulo: Agora, 1979.

SILVA, Ana Beatriz Barbosa. *Mentes & Manias*. São Paulo: Gente, 2004.

_____. *Mentes Inquietas*. São Paulo: Gente, 2003.

_____. *Mentes Insaciáveis*. Rio de Janeiro: Ediouro, 2005

SILVA, Breno Marques da; VASCONCELOS, Ednamara Batista; MARQUES. *Os Remédios Florais de Minas*. Belo Horizonte: Luzazul Cultural, 1992.

SILVA, Maria Helena de Barros e. *A Paixão Silenciosa*. São Paulo: Escuta, 2002.

SENDER, Tova. *Iniciação à Cabala*. Rio de Janeiro: Nova Era, 2001.

STONE, Joshua David. *Psicologia da Alma*. São Paulo: Pensamento--Cultrix.

TANSLEY, David V. *As Trajetórias dos Raios e os Portais dos Chakras*. São Paulo: Pensamento, 1997.

TULKU, Tarthang. *A Expansão da Mente*. São Paulo: Cultrix, 1995.

_____. *A Mente Oculta da Liberdade*. Estados Unidos. 4. ed. Pensamento, 1991.

TRIGUEIRINHO. *A Energia dos Raios em Nossa Vida*. São Paulo: Pensamento, 1995.

WALSH, Roger N.; VAUGHAN, Frances. *Além do Ego. Dimensões Transpessoais em Psicologia.* São Paulo: Cultrix-Pensamento, 1997.

WILLIAMS-HELLER, Ann. *Cabala. O Caminho da Liberdade Interior.* São Paulo: Pensamento, 1997.

WHAT, Willian. *Mistérios Revelados da Cabala.* São Paulo: Master Book, 1996.

WOOD, Ernest. *Os Sete Raios.* São Paulo: Pensamento.

YOTT, Donald H. *Planetas Retrógrados e Reencarnação.* São Paulo: Pensamento, 1993.

_____. *Signos Interceptados e Reencarnação.* São Paulo: Pensamento, 1993.

MADRAS® Editora — CADASTRO/MALA DIRETA

Envie este cadastro preenchido e passará a receber informações dos nossos lançamentos, nas áreas que determinar.

Nome _____
RG _____ CPF _____
Endereço Residencial _____
Bairro _____ Cidade _____ Estado ____
CEP _____ Fone _____
E-mail _____
Sexo ❏ Fem. ❏ Masc.   Nascimento _____
Profissão _____ Escolaridade (Nível/Curso) _____

Você compra livros:
❏ livrarias ❏ feiras ❏ telefone ❏ Sedex livro (reembolso postal mais rápido)
❏ outros: _____

Quais os tipos de literatura que você lê:
❏ Jurídicos ❏ Pedagogia ❏ Business ❏ Romances/espíritas
❏ Esoterismo ❏ Psicologia ❏ Saúde ❏ Espíritas/doutrinas
❏ Bruxaria ❏ Autoajuda ❏ Maçonaria ❏ Outros:

Qual a sua opinião a respeito desta obra? _____
_____

Indique amigos que gostariam de receber MALA DIRETA:
Nome _____
Endereço Residencial _____
Bairro _____ Cidade _____ CEP _____

Nome do livro adquirido: ***Os Sete Portais da Sabedoria***

Para receber catálogos, lista de preços e outras informações, escreva para:

MADRAS EDITORA LTDA.
Rua Paulo Gonçalves, 88 – Santana – 02403-020 – São Paulo/SP
Caixa Postal 12183 – CEP 02013-970 – SP
Tel.: (11) 2281-5555 – Fax.:(11) 2959-3090
www.madras.com.br

Este livro foi composto em Times New Roman, corpo 11,5/13.
Papel Offset 75g
Impressão e Acabamento
Graphium Gráfica e Editora — Rua Jose dos Reis, 84
— Vila Prudente/São Paulo/SP
CEP 03139-040 — Tel.: (011) 2769-9056 —
e-mail: vendas@graphium.com.br – www.graphium.com.br